成为人生赢家的制胜宝典 专为年轻人打造的成长圣经

别输在心态上
赢在心态

BE IN GOOD MENTALITY

用好的心态，赢来淡定从容的生活

把握好的心态，成就美好人生

郑一 编著

中国商业出版社

图书在版编目（CIP）数据

赢在心态 / 郑一编著. -- 北京：中国商业出版社，2017.12

ISBN 978-7-5208-0096-9

Ⅰ.①赢… Ⅱ.①郑… Ⅲ.①成功心理—通俗读物 Ⅳ.① B848.4-49

中国版本图书馆 CIP 数据核字（2017）第 247702 号

责任编辑：常　松

中国商业出版社出版发行
010-63180647　www.c-cbook.com
（100053 北京广安门内报国寺 1 号）
新华书店经销
山东汇文印务有限公司
*
710×1000 毫米　16 开　14 印张　200 千字
2018 年 4 月第 1 版　2018 年 4 月第 1 次印刷
定价：38.00 元
* * *
（如有印装质量问题可更换）

前　言

在谈到心态这一问题之前，我们不妨先来看一个小故事。

塞尔玛陪伴丈夫驻扎在一个沙漠的陆军基地里。丈夫奉命到沙漠里去演习，她一个人留在陆军的小铁皮房子里，天气热得受不了——在仙人掌的阴影下也有50℃以上。她没有人可谈天——身边只有墨西哥人和印第安人，而他们不会说英语。她非常难过，于是就写信给父母，说要丢开一切回家去。

她父亲的回信只有两行字，这两行字却永远留在她心中，完全改变了她的生活：

两个人从牢中的铁窗望出去，一个看到泥土，一个却看到了星星。

塞尔玛一再读这封信，觉得非常惭愧。她决定要在沙漠中找到星星。

塞尔玛开始和当地人交朋友，他们的反应使她非常惊奇，她对他们的纺织、陶器表示兴趣，他们就把最喜欢但舍不得卖给观光客人的纺织品和陶器送给了她。塞尔玛研究那些引人入迷的仙人掌和各种沙漠植物、物态，又学习有关土拨鼠的知识。她观看沙漠日落，还寻找海螺壳，这些海螺壳是几万年前，这片沙漠还是海洋时留下来的。原来难以忍受的环境变成了令人兴奋、留连忘返的奇景。

是什么使这位女士内心发生了这么大的转变呢？沙漠没有改变，印第安人也没有改变，但是这位女士的念头改变了，心态改变了。一念之差，使她把原先认为恶劣的情况变为一生中最有意义的冒险。她

为发现新世界而兴奋不已,并为此写了一本书,以《快乐的城堡》为书名出版了。她从自己造的牢房里看出去,终于看到了星星。

人们常说心态决定命运。的确,心态掌控了人的行动和思想,也决定了我们内心是否平静和快乐,我们是否感到幸福,并不是因为我们身在何处、拥有何物或因为我们是何人,而是取决于我们的心态,也就是我们是如何看待周遭的人、事、物的,心态积极,就会拥有积极的人生。

大仲马曾说:"烦恼与欢喜,成功和失败,仅系于一念之间。"而托马斯·杰斐逊曾说:"一个人如果态度正确,便没有什么能够阻拦他实现自己的目标;如果态度错误,就没有什么能够帮助他了。"王尔德更说过:"人真正的完美不在于他拥有什么,而在于他是什么。"

我们可以说,心态不是人生的全部,却左右了全部的人生!事实上,我们每个人都要与自己的内心一生相伴,所以没必要心情低落,要高兴地、健康地度过每一天。然而,在苍茫而短暂的人生中,人怎么样可以变得无畏,可以变得淡定而不仓皇?这就需要每个人在心中找到一个符号的寄托。但凡找到这样一个寄托,会给你这一生找到一个依凭,找到自己的一个内心根据地。

本书就是这样一本心灵指导书,从生活中那些能影响我们心情的种种人、事、场景出发,运用简洁精练的语言、通过生动和新颖的案例向我们诠释了心态在人生中举足轻重的作用,并告诉我们如何改变消极的心态,拥有积极的心态,进而开拓成功的人生。

目录

第01章 把控心态,方能把握自己的人生 …… 1
认知自我,分析自己的情绪类型 …… 2
掌控情绪,别成为情绪的奴隶 …… 3
心胸宽广,自然拥有好情绪 …… 5
心态好,自然心情好 …… 6
多从"美"的角度看待问题 …… 8

第02章 不必焦虑,淡然面对未知之事情 …… 10
体会生命真谛,平常心带你远离焦虑 …… 11
顺其自然,凡事应顺应规律 …… 12
活在当下,别让明天的烦恼僭越到今天 …… 14
多一分知足,少一分贪念 …… 16
停止焦虑,让心灵在安宁中判断 …… 18

第03章 远离压抑,拥抱阳光 …… 20
走出孤僻的世界,友谊让生活更多彩 …… 21
抛却患得患失的心态,让自己轻松起来 …… 23
战胜猜忌,远离庸人自扰的怪圈 …… 24
握好积极这把钥匙,打开心中抑郁的枷锁 …… 26
探索源头,和童年的心理阴影说再见 …… 28

第04章　浇灭怒火，内心之火只会伤人伤己 …… 30

冲动之前先思考一分钟 …… 31
冷静下来，浇灭愤怒的火焰 …… 32
拓展心的容量，不给愤怒侵袭的机会 …… 34
发现愤怒的根源，然后清除 …… 36
换位思考，就会减少怒气 …… 37

第05章　鼓足勇气，让悲痛忧伤一去不复返 …… 40

抛却昨日痛苦，微笑向前看去 …… 41
痛苦中累计经验，让身心更加强大 …… 42
擦干泪水，继续前行 …… 44
坚强面对挫折，在失败中寻找成功 …… 45
向前看，让痛苦成为永远的过去式 …… 46

第06章　喜欢自己，用自信塑造法摒弃自卑 …… 48

不必太敏感，锻炼好自己的"厚脸皮" …… 49
面对缺点，坦然一笑 …… 50
懂得欣赏并善于展示自己的过人之处 …… 52
摒弃自卑，发现自己的与众不同 …… 53
攀比像棵毒草，被它侵噬的心永难安宁 …… 55

第07章　豁达心胸，放下仇恨方能救赎自己 …… 57

仇恨如火，烧伤别人也灼伤自己 …… 58
化敌为友，用宽恕之心善待对方 …… 59
放下仇恨，专心过好自己的人生 …… 61

感恩"仇人"，曾经的伤害让我们更强大 ……………………………… 62
缓解怨恨，设身处地为他人着想 ……………………………………… 63

第08章　看开一点，紧张不安的情绪自会释怀 ………………… 66

坦然面对，成败无须过分在意 ………………………………………… 67
相信自己，小事何必烦恼 ……………………………………………… 68
肯定自己，给自己一个轻松的笑脸 …………………………………… 70
那些失败的人，大多数是半途而废 …………………………………… 72
人生路途上，学会欣赏沿途风景 ……………………………………… 74

第09章　坚持信念，信念具有无坚不摧的力量 ………………… 76

清晰的人生思路，比现实的出路更重要 ……………………………… 77
做好职业规划定位，让奋斗的路更有方向 …………………………… 79
面对喧嚣尘世，要坚持自己的信念 …………………………………… 81
屡战屡败，也要屡败屡战 ……………………………………………… 83
希望的种子，总有一天会长成苍天大树 ……………………………… 86

第10章　人生漫漫，勇敢地走心中向往的路 …………………… 89

失败者大多数是半途而废 ……………………………………………… 90
不因别人的忽视而自暴自弃 …………………………………………… 92
实力大小，从敌人就能看出来 ………………………………………… 94
不断被否定，才能成为优秀的自己 …………………………………… 96
始终做自己，不要活在别人眼中 ……………………………………… 98

第11章　从容前行，别让悔恨自责阻碍你的视线 …………… 101

选自己所爱，爱自己所选 …………………………………………… 102

话别昨日，给糟糕的昨天画上句号 ……………………………… 103
对于已成定局的事，不必追悔 ……………………………………… 105
人可以反思，但无法反悔 …………………………………………… 107
陷入悔恨中就无法取得新的进步 …………………………………… 108

第12章 敢于挑战风雨，别只敢走平坦的道路 …………… 110

没有风雨，就不会有彩虹 …………………………………………… 111
踩着失败的阶梯，推开成功的大门 ………………………………… 113
"万事如意"只是一种美好的愿望 ………………………………… 116
人生有前进也有停止，要奋斗也要休息 …………………………… 118
弯路，是我们成长必经的练习场 …………………………………… 121

第13章 正视质疑，你需要不一样的声音认识自己 ………… 124

面对不公正的批评，要坦然以对 …………………………………… 125
自己拿主意，别一味地听从别人 …………………………………… 127
生气不如争气，将他人的轻视化作向上的动力 …………………… 129
被歧视，更要抓住机遇实现改变 …………………………………… 131
成功者敢于走"疯子"的路 ………………………………………… 133

第14章 何惧碰壁，你只需要转个弯 …………………………… 136

拒绝，是提醒你转换一种思路 ……………………………………… 137
当现在的工作变成鸡肋，你还犹豫什么 …………………………… 139
不要沮丧，被拒绝了也要迎难而上 ………………………………… 141
放宽心，努力足够总会成功 ………………………………………… 143
不妨先去模仿，而后实现超越 ……………………………………… 145

第15章　大胆尝试，别再对自己说"不" …………… 148

自我肯定，相信自己能做到 ………………………… 149

不惧失败，失败总和成功毗邻而居 ……………… 151

成功不是靠经验，学会发挥自己的优势 ………… 153

第16章　别纠结于取舍，拿得起也要放得下 ………… 156

取舍之间，提高你的悟性 …………………………… 157

舍弃是一种心灵净化的艺术 ………………………… 159

放下心灵的重担，让自己活得轻盈一些 ………… 161

学会放弃，过分执着就是固执 ……………………… 163

大胆选择，别给人生留下遗憾 ……………………… 165

第17章　凡事靠自己，用自己的双手争取你想要的幸福 ……… 169

你才是自己命运的建造师 …………………………… 170

无论如何，都别放弃希望 …………………………… 172

别总指望别人，掌控自己的命运 …………………… 174

没有救世主，靠自己的双手改变命运 …………… 176

你强大了，别人就没办法落井下石 ……………… 178

第18章　永葆工作热情，工作需要你付出源源不断的努力 …… 181

淡然以对职场起伏 …………………………………… 182

今天的努力会换来明天的能力 ……………………… 185

别只为了钱而工作 …………………………………… 186

把积极热忱的情绪带到工作中 ……………………… 189

别抱怨，带着感恩的心工作 ………………………… 191

第19章 且行且珍惜，幸福婚姻需要用心经营 …… 193

相爱容易相处难，婚姻中要学会包容和担待 …… 194

你的态度决定了婚姻是否走向"坟墓" …… 196

你快乐，婚姻也会变得快乐 …… 198

除了薪水，我们能以工作中获得更多有益的东西 …… 200

婚姻关系需要建立在相同的人生观、价值观上 …… 203

独立自主，婚姻中不要过于依赖另一半 …… 206

心中无目标，脚下怎会有路 …… 208

参考文献 …… 212

第01章
把控心态，
方能把握自己的人生

　　有人说，这个世界就像一个万花筒，无论你怎样去看，都会看到不同的样子，同样，不同情绪的人，也会有不一样的人生。一个人对生活的看法会决定他的一生，甚至能决定一个人的成败。因此，我们要善于调节情绪，让性格和情绪更加完善。只有这样，才能在事业中不断前进，才能爬上人生的顶峰，实现自己的梦想。你可以毫不怀疑地相信，成功者其实就是善于调节情绪的人！

赢在心态

认知自我,分析自己的情绪类型

情绪是一种生理应激反应,是人在受到外界事物刺激后的复杂心理变化。中国古代有诗歌这样描述:"月有阴晴圆缺,人有悲欢离合。此事古难全。"就是说自然界事物有变化,人们的内心世界也有起伏,月亮不会一直圆满,我们的情绪也不会一直良好。

我们日常生活中的活动,在多大程度上受理智的控制,又在多大程度上受情绪的支配?在这方面,人与人之间存在很大差异,其中气质、性格、情绪、阅历、素养等都起着一定的作用。我们只有认清自己情绪的类型,发挥理性的控制能力,才能实现情绪反应与表现的均衡适度,确保情绪与环境相适应。

心理学家将人的情绪简单分为以下三种类型。

理智型:很少因什么事而激动,表现出很强的克制力甚至冷漠感;对他人的情绪缺乏反应,感情生活平淡而拘谨,因此常会听到别人在背后称其为"冷血动物"。这种类型的人需要放松自己。

平衡型:情绪基本保持在有感情但不感情用事、克制但不过于冷漠的状态;即使情绪很恶劣,仍能很快控制起来,因此,很少与人争吵;感情生活十分愉快、轻松。

冲动型:非常情绪化,易激动,反应强烈;往往十分随和、热情,或者感情脆弱、多愁善感;可能常会陷入那种短暂的风暴似的感情纠纷中,因此,麻烦百出;别人若想劝其冷静,是件很难的事。这里有必要提醒这类人,一定要克制自己。

那么,我们该如何认识自己的情绪类型呢?以下几种方法有助于我们了解

第01章 把控心态，方能把握自己的人生

自己的情绪。

（1）记录法。做一个了解自我情绪的有心人。我们可以用一两天或一个星期，有意识地留意并记录自己的情绪变化过程。可以将情绪类型、时间、地点、环境、人物、过程、原因、影响等项目为自己列一个情绪记录表，连续记录自己的情绪状况。日后，回过头来看看这些记录就会有新的感受。

（2）反思法。我们可以利用情绪记录表反思自己的情绪，也可以在一段情绪过去之后反思自己的情绪反应是否得当？为什么会有这样的情绪？产生这种情绪的原因是什么？有什么消极的、负面的影响？今后应该如何消除类似情绪的发生？如何控制类似不良情绪的蔓延？

（3）交谈法。通过与家人、上司、下属、朋友等进行诚恳交谈，征求他们对你情绪管理的看法和建议，借助别人的眼光认识自己的情绪状况。

（4）测试法。借助专业的情绪测试软件工具，或是咨询专业人士，获取有关自我情绪认知与管理的方法建议。

一个人能否成功，不在于他拥有多少优越的条件，而在于他如何评价自己，这种自我评价也决定了别人对他的评价。在人们的生存和发展过程中，情绪常伴随左右，了解自身的情绪类型，有助于我们更好地掌控自己的情绪。

掌控情绪，别成为情绪的奴隶

情绪是人与生俱来的心理反应，如喜、怒、哀、乐，易随情境变化。人在日常生活中免不了会出现好情绪和坏情绪，如果不能很好地调节并保持情绪平稳，就势必会陷入痛苦的泥潭之中。因此，我们必须提升自身的情绪掌控能力。

美国石油大王洛克菲勒曾遇到一件匪夷所思的事。

这天，他正在办公，但他的门却被打开了，进来一个陌生人。这个人直奔到他的办公桌前，用拳头狠狠地击了一下桌子，然后火气十足地说："洛克菲勒，

我恨你！我有充分的理由恨你！"接着那个脾气火暴的莽汉恣意谩骂洛克菲勒达10分钟之久。

洛克菲勒公司的人都赶来了，有职员、秘书，还有其他管理者，看到此情此景，大家都气愤极了，他们满以为洛克菲勒会打电话叫来保安，把这个无礼的家伙从办公室内赶出去。他完全可以这么做，但出乎所有人意料的是，洛克菲勒并没有这么做，而是停下手中的工作，用和善的眼神注视着眼前这位言语攻击者，而且一言不发，对方越暴躁，他就显得越和善。

后来，倒是这个无礼的人被洛克菲勒弄得莫名其妙，并渐渐地平息下来。实际上，他是故意来此与洛克菲勒作对的，并且，他在打算攻击洛克菲勒前，已经做好了各种回击洛克菲勒的准备。但是，洛克菲勒就是不开口，这反而让他不知如何是好了。

最终，他又在洛克菲勒的桌子上猛敲了几下，仍然得不到回应，只得索然离去。洛克菲勒呢？就像根本没发生任何事一样，重新拿起笔，继续他的工作。

看完这则故事，我们不得不感慨，洛克菲勒确实是一个忍耐力极强的人。这里，面对莽汉的无理取闹，如果他以同样的态度报复，那么情况就会更糟。

因此，如果你拒绝生气，维持对自己的控制，保持冷静和沉着，那么就等于你已经掌控了整个局面。

可见，一个成熟的人应该有很强的情绪控制能力。无论遇到什么事情，哪怕是违背自己初衷的事情，都要控制自己的情绪，不能有过激的言行。唯有如此，才能成就大事，从而达到自己的目标。

那么，我们如何提升自身的情绪掌控能力呢？以下是专家的几点建议。

（1）要愿意观察自己的情绪：不要抗拒做这样的行动，以为那是浪费时间的事，要相信，了解自己的情绪是重要的领导能力之一。

（2）要愿意诚实地面对自己的情绪：每个人都可以有情绪，接受这样的事实才能了解内心真正的感觉，更合理地去处理正在发生的状况。

（3）问自己四个问题：我现在是什么情绪状态？假如是不良的情绪，原因是什么？这种情绪有什么消极后果？应该如何控制？

（4）给自己和别人应有的情绪空间：给自己和别人都停下来观察自己情绪的时间和空间，这样才不至于在冲动下作出不适当的决定。

（5）替自己找一个安静身心的法门：每个人都有不一样的方法使自己静心，都需要找到一个最适合自己的安心方式。

善于管理情绪的人更容易保持平静和愉快，即使遭遇低潮也会乐观应对，能承担压力，成为自己生活的主宰。他们容易理解别人，能够建立和保持和谐的人际关系，即使与人产生矛盾，也能有气度地以建设性的方式解决。这样的能力，决定了一个人的一生。

心胸宽广，自然拥有好情绪

在与人打交道的过程中，我们发现，那些做事太过认真，爱较真，或者说死心眼的人，在人际交往中总是吃不开，他们也很难拥有好心情；相反，那些豁达宽容的人却凡事看得淡然，即使遇到别人的打击与伤害，也能做到一笑而过，他们的胸怀是宽广的，这更是一种淡定、成熟、冷静、理智，因此，他们不会因为小事而影响到自己的情绪。我们可以发现，宽容之心实是一剂人生"良药"，小则使自己免受伤害，大则能助自己飞黄腾达。

美国第三任总统杰斐逊与第二任总统亚当斯从交恶到宽恕也是这个道理的显现。

杰斐逊在就任前夕来到白宫，他的目的是要表明自己的立场，也就是想告诉亚当斯，他希望针锋相对的竞选活动并没有破坏他们之间的友谊。据说杰斐逊还来不及开口，亚当斯便咆哮起来："是你把我赶走的！是你把我赶走的！"从此两人没有交谈达数年之久，直到后来杰斐逊的几个邻居去探访亚当斯，这

个倔强的老人仍在诉说那件难堪的事,但接着改口说出:"我一直都喜欢杰斐逊,现在仍然喜欢他。"邻居把这话传给了杰斐逊,杰斐逊便请了一个彼此皆熟悉的朋友传话,让亚当斯也知道他的深厚友情。后来,亚当斯写了一封信给杰斐逊,两人从此开始了书信往来。

这个例子告诉那些还在为鸡毛蒜皮和朋友老死不相往来的人,那些为了一些不值一提的小事与人大打出手的人,懂得退让是一种多么可贵的精神!生活需要我们以宽容的心态对人。宽容是解除人际误会和不快的最佳良药,宽阔的胸怀能使你赢得朋友,能和那些伤害你的人化干戈为玉帛,因为宽容代表了理解,它像一扇心灵的大门,把心放宽一点,门就不会挤了。受到伤害,心中不快乃人之常情,但唯有以德报怨,唯有容人之过,才能赢得一个温馨的世界。释迦牟尼说:"以恨对恨,恨永远存在;以爱对恨,恨自然消失。"

因此,让我们善待身边的每个人吧,深切地理解每个人,相信自己,也相信别人,严于律己,宽以待人,胸怀祖国,放眼世界。这样,我们一定能保持良好的心态和情绪。说到底,决定人心态的是人的理想、人生观、世界观。一个人具有远大的目标,正确的人生观,胸怀宽广,执着进取,挑战自我,不屈命运,坚信自己,积极思想,那么,他一定能保持良好的心态,拥有美好的人生。

一个人心胸狭窄,只关注自己,就容易生气,闷闷不乐,斤斤计较。而当一个人胸怀宽广时,就会容纳别人,欣赏别人,宽容别人,心境也就能保持乐观,所谓"退一步海阔天空""仁者无敌"。

心态好,自然心情好

生活中,我们都希望自己有个好心情,好心情是生活的甜味剂,带给我们无穷的快乐。然而,我们似乎总是听到这样的声音:"我烦死了""气死我了""这个人真讨厌"等。也可以看到一些人虽一言不发,但神情忧郁,精神恍惚。不

第01章 把控心态，方能把握自己的人生

用问，他们准是碰上令人气愤或烦恼的事情了。其实我们每一个人或多或少都遇到过一些挫折，对此，一般人都能自觉地调整心态，较好地适应社会。但也有少数人由于持有一些不合理的信念，在遇到重大挫折时往往会一蹶不振，严重的甚至不能正常工作学习，给自己和亲友带来很多麻烦。

"其实人活着就是一种心态。心态调整好了，蹬着三轮车也可以哼小调；心态调整不好，开着宝马一样发牢骚。"这是手机上的一条短信，它生动形象地说明了心态的重要性。心态就是人们对待事物的一种态度。每个人的一生都有许多欲望，都希望自己挣钱多一点，事业顺利一点，官做得大一点，生活过得幸福一点……问题在于人不可能事事顺心，当这些欲望不能得到满足时，我们应当以什么样的心态去面对？

米歇尔是一个传奇式人物，在46岁那年，他被意外火灾事故烧得不成人形，四年后又在一次坠机事件后腰部以下全部瘫痪。当他醒来时，发现自己在医院里，身体已被烧得体无完肤，周围是一大群跟他同病相怜的人，他们对自己的遭遇自怨自艾：为什么是我？老天爷为什么如此对我？人生为什么这么不公平？成为这种样子在这个社会上还能有什么作为？然而米歇尔没有像他们一样，反而向自己提出这样的问题："我幸运地活到现在还拥有些什么？我要如何重新站起来？此刻我还能比以前更多地做些什么事？"

更有趣的是，米歇尔在住院期间结识了一位名叫安妮的漂亮迷人的女护士，他不顾脸上的伤残和行动不便，竟然异想天开："我怎样才能和安妮约会呢？"他的同伴都认为他实在有些神志不清，他必然会碰一鼻子灰回来。谁会想到一年半后两人竟然陷入热恋之中，后来安妮成了他的太太。

米歇尔屹立不倒的正面态度使他得以在《今天看我秀》《早安美国》节目中露脸，同时《前进》《时代周刊》《纽约时报》及其他报刊也都有米歇尔的人物特写。

米歇尔为什么能创造奇迹？因为他的心态一直都是正面的、积极的，因此，即使在灾难面前，他依然拥有好心情，他看到的就是希望。于是，他最终战胜了困难。

米歇尔说:"我完全可以掌控我自己的人生之船,那是我的浮沉,我可以选择把目前的状况看成是新的一个起点。"

认知绝不是一成不变的,如果我们认为某件事对于自己不利,便会把这种信息送入大脑中,结果就产生不利于我们的态度。如果我们主动换个视角,对于原先的那件事,便会产生不同的态度。

心态表示一个人的精神状态,只要有良好的心态,我们就能每天保持饱满的精神。心态好,运气就好。要学会调整心态,有良好的心态工作就会有方向,人只要不失去方向就不会失去自己。心态的好坏,在于平常的及时调整和修炼并形成习惯。

多从"美"的角度看待问题

生活中,很多人活得太累,他们总是抱怨自己生活乏味、不幸福,总是情绪不好,其实,并不是因为他们的生活真的不幸福,而是因为他们总是看到事物不好的一面。而如果能多用美的眼光看事物,那么他们就能心情愉悦,收获一路的风景。其实,人生的路很长,相信快乐与幸福一直在路上,只等一颗宁静和细致的心去发现。

法国雕塑家罗丹说:"这个世界不是缺少美,而是缺少发现美的眼睛。"那些心平气和的人还有一双眼睛,它不是长在脸上,而是长在心中的、心智的眼睛。这双眼睛比自然造化的那双眼睛更为重要。因为从这双眼睛中,人们看到更为美丽的、细腻的世界。

有位老人非常爱摆弄盆景,所以在栽种盆景上投入了很多时间。

有一天,老人要外出。在临行前,他特意嘱咐儿子:一定要细心地照顾好家里那些他看得跟命一样重要的盆景。

在老人外出期间,儿子很精心地照料着这些盆景。尽管如此,花架上还是

第01章 把控心态,方能把握自己的人生

有一个盆景在儿子浇水时不小心被碰倒了,打碎了。儿子因此非常害怕,准备着等父亲回来后接受处罚。老人回来后知道了此事,不但没有责备儿子,还说:"我栽种盆景是用来欣赏和美化家里环境的,不是为了生气的。"

老人说得好,他不是为了生气才栽种盆景的。盆景的得失,并不影响老人心中的悲喜。气由心生,如果无欲无求,了无牵挂,则气无处生。人不是为了生气而活着的,只有心平气和,才不会愚蠢到去拿别人的错误来惩罚自己。

那么,从现在起,我们不妨多用美的眼光看问题,为生活中的"小幸福"而欢呼,我们眼里的一切都将是美好的:当清晨醒来,你便不会再为忙不完的工作而烦恼,而是看到晨曦斜照,小鸟鸣啾,你呼吸到的每一口空气都是那么的清新;在一场瑟瑟的秋雨之后,站在宽大的窗前,你感受到的也并不再是凉意,而会看到晶莹的雨珠从树枝上滑落,雨洗后的草坪愈加葱郁和青翠,孩子们快乐地在上面嬉戏、打闹的时候,你也能感觉到生活的惬意与美好。的确,幸福常常是如此简单,简单到一句话、一首诗、一个清晨、一个问候、一个场景,简单到我们日常生活中的点点滴滴,都无不蕴藏着幸福。我们要为每一次日出,草木无声的生长而欣喜不已;我们要重新向自己喜爱的人们敞开心扉;我们要热情地置身于家人、朋友之中,彼此关心,分享喜悦。

我们若想忘却不快,得到幸福,就要学会用美的眼睛看待事物,发现生活中细腻的幸福。生活越简单,幸福快乐越多。我们需求得越少,得到的自由就越多。多一分舒畅,少一分焦虑;多一分真实,少一分虚假;多一分快乐,少一分悲苦,这就是简单生活所追求的终极目标!

第02章
不必焦虑,淡然面对未知之事情

人生漫漫,我们需要操心的事情太多,现代社会中生存压力的加大,让很多人陷入了焦虑情绪中。然而,对未来过多地担忧是自寻烦恼。对于人生、对事对物、对名对利应有的态度是:得之不喜、失之不忧、宠辱不惊、去留无意。现代社会中的我们,应该拥有这一饱经世事的心态,这样才能心境平和、淡泊自然。只有做到淡定面对,才能心态平和、恬然自得、达观进取、笑看人生!

体会生命真谛，平常心带你远离焦虑

生活中，人们常说"心急吃不了热豆腐"，指做事不要急于求成，应踏实做事。的确，对生活过于焦虑的人，生活是不会积极回馈他的。太想成功者，只会与成功无缘；太想赢的人，最后往往很难赢；太想达到目标的人，往往不容易达到目标。过于焦虑就是自寻烦恼，事情的成败往往不是以我们的意志为转移的，欲速则不达，凡事不可急于求成。淡然处之，持之以恒，成功的概率反而会大大增加。

一位少年一心想早日成名，于是拜一位剑术高人为师。他迫不及待地问师父多久才能学成，师父答曰："十年。"少年又问，如果他全力以赴、夜以继日要多久。师父回答："那就要三十年。"少年还不死心，问如果拼死修炼要多久，师父回答："七十年。"

这里，少年学成并非真的要七十年，师父之所以如此回答，是因为他看穿了少年的心态。少年可谓是不惜一切想尽快成功，但没有平和的心态，势必以失败告终。渴望成功、努力追求都没有错，但渴望一夜成名的心态反而会使人欲速不达。

其实，不光是这个少年，在现实生活中，类似的急功近利者并不鲜见，他们凡事急于求成，心态浮躁，往往不注意做事的品质，常把最简单、最普通的事搞得一塌糊涂，更不必说富有挑战性的大事。

事实上，一种能力的获得，一个目标的达成，都不是一蹴而就的，而是需要一个艰苦历练与奋斗的过程。正所谓"宝剑锋从磨砺出，梅花香自苦寒来"，我们做任何事都应该本着脚踏实地的原则，一步一个脚印才能走向成功，因此，任何急功近利的做法都是愚蠢的。急于求成，往往适得其反，结果只能功亏一篑，

落得拔苗助长的笑话。

强扭的瓜不甜,强求的事难成,以淡定的心态面对,往往会水到渠成。人们的主观愿望与实际生活总是有差距的。我们千万不可把自己的主观意愿强加于客观现实中,而应该学会随时调整主观与客观之间的差距。凡事顺其自然。有些事情就是奇怪,你越努力渴求,它越迟迟不来,让你等得心急火燎、焦头烂额。终于,你等得不耐烦了,正想放弃时,它却又如从天降,给你个满怀惊喜。

孔子曰:"无欲速,无见小利。欲速,则不达;见小利,则大事不成。"真正成大事者,都遵循自然的规律,遇事临危不乱、镇定自若,他们都有一分定力,这是一种有长远眼光的表现。只有凡事不急于求成,才能真正有所成就。

当然,顺其自然,不是一种消极避世的生活态度,而是站在更高层次来俯视生活的一种感觉。

人生路上,无论何事,最忌急于求成。凡事只有经过深思熟虑再行动,才有更多成功的机会,不按照事物的发展规律办事,只能是徒劳无功,如果我们在生活中学会按客观规律办事,就会获得事半功倍的效果。

顺其自然,凡事应顺应规律

人生在世,谁都希望自己明天走的是一条光明的康庄大道。但事实上,明天还未到来,过多的焦虑毫无意义,还不如着眼当下,努力充实好现在,那么,你收获的就不只是实力,还有一份淡然的快乐。

鲍威尔从小就十分喜欢摄影,大学毕业后,他对摄影到了痴迷的程度,无心去挣钱工作。从此,鲍威尔过着简单的生活,不理会自己是富有还是贫穷,只要能摄影就够了。他穿着破裤子,吃着最便宜的汉堡包。在别人眼里,他是困苦贫穷的象征。而鲍威尔自己却过得异常快乐。

第02章　不必焦虑，淡然面对未知之事情

在鲍威尔27岁时，他的人物摄影技术达到了登峰造极的水平。鲍威尔成为了世界公认的人物摄影大师，并为英国首相拍摄人物照，从此一发而不可收，至今已为全世界100多位总统、首相拍过人物摄影。请他摄影的世界名流更是数不胜数，排队等候一两年是常事。鲍威尔最终成为一个真正的世界顶级摄影大师。

从鲍威尔的故事我们得知，在人生目标的实现过程中，一个人只有内心平静、努力充实自己，等待时机、戒骄戒躁，日子就会过得悠然自得、从容不迫。不去羡慕别人，这样，才会找到自己的生活，完成自己的事业。

通常来讲，越是有所追求、想干点事的人，可能遇到的烦恼和痛苦就越多。凡事达观一点，看开一点，相信自己，终会心想事成。

在人生旅途中，很多人为明天而焦虑，担心明天的生活、明天的工作，实际上，这不过是杞人忧天，我们谁也无法预料明天，我们所能掌控的只有当下。若想获得一个成功的人生，不仅要积累基础知识，更要修炼心性，心态改变命运，活好当下，全身心投入现在的生活和工作才是最重要的。未来靠的是现在，现在做什么、怎样做、要达到什么目标，决定了未来是怎样。

当然，要放下为明天担忧的苦恼，就要从现在做起，以自身为本，培养出一种艰苦奋斗、开拓进取的精神品质；要树立积极达观的人生态度，就要把个人的成长与社会的发展紧密地结合起来，从个人狭小的生活天地里走出来，从而实现崇高的人生目标。

詹姆士·巴里说："快乐的秘密，不在于做你所爱的事，而在于爱你所做的事。"工作在我们的人生中占据了大部分最美好的时光。比尔·盖茨有句话："每天早上醒来，一想到所从事的工作和所开发的技术将会给人类生活带来巨大的影响和变化，我就会无比兴奋和激动。"

其实，我们早已知道，烦恼让我们的身心健康受到威胁，毫无益处可言，我们的生活中从未有人因为烦恼而改善自己的生活状况，因此，我们不妨抛却烦恼，做个快乐的人。做一个快乐的人其实并不难，拥有幸福的人生很简单，只要我们懂得珍惜今天，把握好今天，放下焦虑。

活在当下，别让明天的烦恼僭越到今天

一位德国哲学家讲过这么一段话：没有什么情感比焦虑更令人苦恼了，它给我们的心理造成巨大的痛苦。而焦虑并非由实际威胁所引起，其给人的紧张惊恐程度与现实情况很不相称。通常来说，焦虑是无谓的担心。我们要彻底摆脱使人苦恼的焦虑，就要平静身心。

和煦的春风里，师父带着小和尚来到寺庙的后院，打扫冬日留下的枯枝残叶。小和尚建议说："师父，枯叶是养料，快撒点种子吧！"

师父说："不着急，随时。"

种子到手了，师父对小和尚说："去种吧。"不料，一阵风起，撒下去不少，也吹走不少。

小和尚着急地对师父说："师父，好多种子都被吹飞了。"

师父说："没关系，吹走的净是空的，撒下去也发不了芽，随性。"

刚撒完种子，这时飞来几只小鸟，在土里一阵刨食。小和尚急着对小鸟连轰带赶，然后向师父报告说："糟了，种子都被鸟吃了。"

师父说："急什么，种子多着呢，吃不完，随遇。"

半夜，一阵狂风暴雨。小和尚来到师父房间带着哭腔对师父说："这下全完了，种子都被雨水冲走了。"

师父答说"冲就冲吧，冲到哪儿都是发芽，随缘。"

几天过去了，昔日光秃秃的地上长出了许多新绿，连没有播种到的地方也有小苗探出了头。小和尚高兴地说："师父，快来看呐，都长出来了。"

师父依然平静如昔地说："应该是这样吧，随喜。"

这则故事告诉我们，人生无常，但只要保持内心平静，无论外在世界怎么

第02章 不必焦虑，淡然面对未知之事情

变幻莫测，我们都能坦然面对，做到不为情感左右，不为名利牵引，从而洞悉事物本质，完全实事求是。

对此，我们应积极寻求克服焦虑的心理策略，下面的自我调节方法或许有助于你早日摆脱焦虑。

1. 挖掘出引起焦虑和痛苦的根本原因

研究发现，很多焦虑症患者患病是有一个过程的。在他们的潜意识中，长期存在一些被压抑的情绪体验，或者曾受过某种心灵的创伤，并且，这些焦虑症状早以其他形式体现出来，只是患者本人没有对自己的情况予以重视。因此，一旦发现自己有焦虑情绪，就应该学会自我调节、自我调整，把意识深层中引起焦虑和痛苦的事情挖掘出来，必要时可以采取合适的发泄方法，将痛苦和焦虑的根源尽情地发泄出来，经过发泄之后，症状可得到明显减缓。

2. 尽可能地保持心平气和

要摆脱焦虑，最忌急躁；平和的心态是舒缓焦虑情绪的关键。凡事看淡一些，这对有焦虑症的患者尤为重要。

3. 必须树立起自信心

那些易焦虑的人，通常有自卑的特点，遇事时，他们多半会看低自己的能力而夸大事情的难度；一旦遇到挫折，焦虑情绪和自卑心更为明显。因此，在发现自己的这些弱点时，就应该予以重视并努力加以纠正，决不能存有依赖心理，等待他人的帮助。要树立自信，有了自信心就不会害怕失败。十次之中成功一次，就会增添一分自信，焦虑情绪自然会减轻。

人生的平淡和起伏都是生命的轨迹，只有内心平和的人才能体味其中的真谛，因此，我们不妨以平常心看待生活，用心去享受简单生活中的快乐、幸福！

多一分知足,少一分贪念

生活中,当出现如下三大主要症状——情绪低落、思维迟缓和运动抑制的时候,一定要给予重视,这是抑郁的表现。抑郁会严重困扰患者的生活和工作,给家庭和社会带来沉重的负担,严重的还会导致抑郁症。它会赶走一个人的积极情绪,使其丧失对周围人的爱。抑郁的人感到自己死气沉沉,缺乏生气,正如某位抑郁症患者所说的:"我感到自己是一个空壳。"约15%的抑郁症患者死于自杀。某位抑郁症痊愈者曾经这样陈述自己的经历。

我从不认为自己很差,从整体上讲,我不认为自己很糟糕。但我觉得自己像"白开水",感觉自己既不是很可爱也不是不可爱,觉得自己没有任何特别的地方。小时候,我常受到父母的忽视。他们从未虐待过我,也没有关注过我。由于生活中没有人在乎我,这使我产生了空虚感。

很明显,如果我们长期被抑郁控制的话,生活将失去光彩。具体来说,抑郁有以下表现:

● 大部分时间感到沮丧或忧愁;

● 缺乏活力,总是感到累;

● 对以前喜欢做的事情缺乏兴趣;

● 体重急剧增加或急剧下降;

● 睡眠习惯改变巨大(不能入睡,长睡不醒,或很早起床);

● 有罪恶感或无用感;

● 有无法解释的疼痛(但身体没有任何毛病);

● 悲观或漠然(对现在和将来的任何事情都毫不关心);

● 有自杀的想法。

第02章 不必焦虑，淡然面对未知之事情

那么，我们该怎样让自己走出抑郁的泥潭呢？

1. 淡化抑郁情绪

要改变这种状态，重要的是要认识到这是抑郁的自然反应。抑郁夺走了你的热情，不是你这个人本身缺乏热情，而是你所处的心理状态使然。一旦情绪改善，你的热情会自然复苏。但前提是，你要淡化抑郁情绪给自己带来的影响，要告诉自己：抑郁是可以摆脱的。

2. 塞翁失马，焉知非福

抑郁会让你深入反思和内省，治愈后的你可能会达到比以前更高的层次。所以，如果你抑郁了，不要认为自己是不幸的。

3. 制定目标，用自己的行为定义成功

我们在定义成功的时候，尽量不要牵涉他人的行为。也就是说，自己的行为哪怕是小小的进步，也是值得高兴的。比如，你很不喜欢与人交往，却约了小李下班后一起喝咖啡。这种想法是不对的，因为这个目标能否实现取决于小李是否接受你的邀请。你可以控制自己的行为，但不能控制别人的行为。而你可以这样做：下班后，邀请小李一起喝咖啡。只要你开口邀请过，那你就成功了。至于小李的反应，那并不重要。

再看以上三条原则，找出你的原因所在，加以改正。相信你一定会战胜抑郁，生活得多姿多彩。

即使心情抑郁了，也不必担心，抑郁并不等同于精神分裂。你只要告诉自己，我的情绪感冒了，正在发烧，还会打喷嚏，现在很痛苦，但吃点药就会好的。

停止焦虑，让心灵在安宁中判断

"贪者，恶之大也""祸莫大于不知足""非智之不足，非技之不胜，利令智昏，贪婪之心，才是天下祸机之所伏"。贪婪是人性的一大弱点。一般而言，贪婪心理的形成主要是由于错误的价值观念：社会是为自己而存在，天下之物皆为自己所有。这种人存在极端的个人主义思想，永远不会满足。他们得陇望蜀，有了票子想房子，有了房子想位子，从不会满足。于是，他们陷入无止境的欲求之中，一旦自己的欲求满足不了，就开始产生焦虑情绪，有何快乐可言？

不管你是在温室中成长，还是在困苦中挣扎，欲望都会存在于你的心中。欲望可以成为我们的信念，支撑我们渡过难关，但是欲望也像鸦片，容易上瘾。皮埃尔·布尔古说过："人们常常听到这样一句话：'是欲望毁了他。'然而，这往往是错误的。并不是欲望毁了人，而是无能、懒惰，或糊涂。"

有这样一个故事。

从前，一家兄弟三人。老大脑子不灵光，四十好几的人，还是光棍儿一条，整日里破衣烂衫，连一身像样的衣服都没有。有人问他："你最大的心愿是什么？"他情不自禁地脱口而出："要随我心，天天新衣。"

老二有个小康之家，衣食不缺，只是长相太丑，找了一个比他还难看的女人为妻。当问到他的心愿时，他迫不及待地说："要随我心，天天娶亲。"

老三由于经营有方，再加上天资聪慧和好运连连，是远近闻名的富豪。当人们问他有什么心愿时，他毫不顾忌地说："要随我心，挖一窖金。"

这只是个故事，但从中可以看出人的贪婪之心。"人心不足蛇吞象"，多么贴切的比喻。贪婪之心就像是一个恶魔，一旦附身，就会让人难以善终。仔

第02章 不必焦虑，淡然面对未知之事情

细想想，其实我们又何尝不是如此呢？读过这个故事，我们都应该好好地反思一下：我们怎样才能摆脱贪婪之心呢？

1. 警示自己

我们可以前人的正反事例来警示自己。现实中的许多人，因为贪婪，以致身败名裂，留下千古骂名，到头来后悔莫及。我们应以前人的事例时刻警示自己，消除贪婪心理。

2. 自我反思法

你可以拿出一张纸，然后在纸上连续20次用笔回答"我喜欢……"这个问题。回答时应不假思索，一口气回答完，限时20秒钟。全部写完后，逐一分析哪些欲望是合理的，哪些是过分的，这样就能明确贪婪的对象与范围，对造成贪婪心理的原因及其危害，自己做较深层的分析。

3. 常保知足之心

人们常说："知足常乐。""知足"，就不会心生邪念，而"常乐"也就能保持心理平衡了。

我们都是平凡的人，并不能真正做到摒弃功利，甚至连哲学家似乎也极不愿意摒弃人性的这一弱点。对功名的追求有积极的一面，但过于执着于此、孳衍成无限膨胀的欲望，则会使人性蜕变。我们若想获得快乐，就要学会少要求一点，只要经常修剪自己的欲望，少点欲求，就会少一分焦虑！

第03章
远离压抑，拥抱阳光

忧郁是人们常见的情绪困扰，是一种感到无力应付外界压力而产生的消极情绪，常常伴有厌恶、痛苦、羞愧、自卑等情绪体验。长期忧郁会使人的身心受到损害，使人无法正常地工作、学习和生活。为此，当我们出现郁郁寡欢、思维迟缓、兴趣丧失、闷闷不乐、缺乏活力、反应迟钝等情况时，就要注意自己的情绪，并选择适当的方法战胜这种消极情绪，从而从压抑状态中解脱出来。

第03章 远离压抑，拥抱阳光

走出孤僻的世界，友谊让生活更多彩

英国《精神病学》杂志曾经发表过伦敦大学国王学院科学家的一项研究。这项研究的对象是出生在1950-1955年的7100人，研究人员发现，这些人中，在年幼阶段遭遇过不幸经历的人在性格上都比较忧郁，成年后，他们也没有走出阴影，同时，他们比一般人更容易遇到一些因健康导致下岗的问题。

后来，有心理学家提出，如果在童年时期遭遇某些压力或者不幸，很可能导致健康问题甚至早死；在这些压力或不幸中，贫困和虐待会引发心脏问题并加速细胞老化。

可见，童年时期的不幸遭遇，会对成年后产生很大影响。我们先来看下面一个故事。

赵女士如今事业有成，家庭幸福美满，老公是事业单位的骨干，她还有个可爱的儿子，孩子在学习上从不让赵女士操心。在外人看来，赵女士应该生活幸福，毫无烦恼。但实际上，赵女士长期失眠，总是做噩梦，受到困扰的她不得不去寻求心理医生的帮助。

在专家的催眠引导下，赵女士说出了童年不愉快的经历：曾经，她有个幸福的家庭，父母都是知识分子，还有个可爱的弟弟，她常常带着弟弟和周围的小伙伴们嬉戏。说到这里，赵女士嘴角露出一丝微笑。后来，不幸降临到她和她的家庭，在一次车祸中，她的父母丧生，剩下姐弟俩相依为命。成年后，赵女士凭借自己的努力在事业上取得了一定的成功，也拥有了一个幸福的家庭。可是，她并不快乐，不快乐的原因来自她的弟弟。赵女士的弟弟阿强由于仕途不顺，自暴自弃，还沾染上赌博的恶习，并且习惯了对姐姐的依赖。赵女士一次又一次地替他还清赌债，每次善后都令她无比痛苦。她内心很挣扎，弟弟的

赢在心态

不争气让她屡次想放弃帮他，可是每次这种念头出现的时候，她就会梦见去世的父母。梦里的她常常觉得愧对父母而大哭。在矛盾心理的折磨下，赵女士患上了轻度抑郁症。

对于赵女士的痛苦，心理医生给出了以下建议。

让阿强也接受心理咨询，要使他认识到自己已经不是孩子，不能一辈子在姐姐的保护下生活，认识到自己早已成人，应该承担自己应尽的责任，为自己的行为负责。赵女士需要将父母与弟弟区分开，明白父母已经离去，自己不是弟弟的父母，不需要承担父母的责任；要享受和家人在一起的时光，和他们分享自己的感受，而不是把注意力放在已经成年的弟弟身上。

赵女士的经历告诉我们，童年时期遭遇的不幸，会对成年后产生深远影响。人是生活在一定环境中的，任何一个人，不可能不受环境影响，而在童年时期，人的心智、思想等方面还未成熟，一旦遭遇某些不幸，比如受到虐待、失去双亲、得不到关爱等，就很容易导致人格缺陷、性格扭曲等，这会对成人后的人生观、价值观产生负面影响。

但是，凡事都有两面性，那些有童年阴影的人，其实完全可以把这些经历转化为人生的宝贵财富与体验。85%的成功者在童年遭遇过不幸或磨难，比如美国总统林肯、女作家三毛等知名人士，他们经历过很多不幸，但是不幸的经历并没影响他们健康发展，反而将他们铸造成为伟大的人。

所以，什么都不能成为我们消极处世的理由，最重要的是对待生活的态度和承受挫折能力的培养。也许你认为自己是世界上最不幸的人，但实际上并非如此，别人可以从阴影中走出来，你也可以。

如何走出童年心理阴影？这需要一个过程，你需要面对、接纳、包容，然后才能超越，即使有愤怒、抑郁的情绪，也没什么可怕的，保持健康快乐的心理状态，学会释放工作和生活中的压力，并加强身体锻炼。

第03章 远离压抑，拥抱阳光

抛却患得患失的心态，让自己轻松起来

人们常说，人生就是一次旅行，在这一过程中，只有跋山涉水，不惧艰辛，走过忧郁的峡谷，穿过快乐的山峰，蹚过辛酸的河流，越过滔滔的海洋，才能走到生命的最高峰，领略美好的风景。然而，我们忽略的是，有时候，美好的风景就在眼前，何不放慢脚步欣赏呢？

生活中的很多人，一直信奉勇往直前的原则，向往着未来的、美好的生活，于是，他们总是在马不停蹄地追赶。时过境迁，当他们青春年华不再时，才知道自己已经错过了生命里最美的时光。因此，当我们觉得"累"了的时候，不妨告诉自己，该放松了。

现代社会中，每个人每天都要面临紧张的工作、生活压力，常常感到身心俱疲，而实际上，这些压力往往是自己强加给自己的。我们总是盯着前方的路，而忽视了当下的风景。

因此，要释放自己的内心，就要学会享受生活，完善内心修养，提高自身能力，争取更大的空间和更好的生活质量，并有一颗乐观向上的心。

人们常常认为的"美好的风景在别处"，有时候还包含了一种对未来生活的幻想，当然，渴求改变现有生活并没有什么过错，但如果因此而忽视现有生活的美好，就有点得不偿失了。

赢在心态

战胜猜忌,远离庸人自扰的怪圈

我们不能否认,每个人都有疑心,这是一种在社会生活中自我保护的正常的心理活动,但所谓的自我保护,是相对于那些相交甚浅甚至是陌生人的,而对于自己的朋友,则应该以信任为基础。如果对待朋友处处设防,就是不正常的现象。

在我国,有个"疑邻偷斧"的故事。

一个人丢了斧头,在没有弄清事实真相以前,总是怀疑别人偷了他的斧子,在他眼里,别人怎么看怎么像小偷。当他找到斧子之后,才知道自己怀疑错了。

"世间本无事,庸人自相扰",问题的根源是自己的猜忌和多疑。

疑心不仅是对友谊的一种摧残,更是对心灵的一种折磨。杯弓蛇影的典故就是很好的例证。弓影投映在盛酒的杯中,好像小蛇在游动,饮者以为真把小"蛇"给吞下去了,越想越恶心,结果害得自己重病一场。这才是天下本无事,庸人自疑之。疑心太重,到头来自讨苦吃。

实际上,无端的猜忌属于心理不健康。多疑的人心胸狭隘,斤斤计较,患得患失,与人相处,眼里总是坏人比好人多,所以朋友很少,更无至交。他们思想飘忽不定,心无主见,容易受人挑唆,无中生有,怀疑一切。由于心理不健康,往往生出许多事端,自己给自己制造麻烦,事后又常常后悔不迭。

那么,如何赶走人际交往中的猜忌心理呢?

1. 理性思考,不无端猜疑

当你发现自己在猜疑一件事或者一个人时,不妨打断一下自己的思维,问一问自己,为什么要猜疑?这样做对吗?如果怀疑是错误的,有哪几种可能发生的情况？在作出决定前，多问几个"为什么"有利于冷静思索。

2. 发现自己的优点，增强自信心

每个人都不是完美的，有优点自然也有缺点，但我们不要一味地盯着自己的缺点看，这样只会让自己灰心丧气。发现自己的优点，能帮助培养自信心、历练自己的能力，在获得成就后，会更有信心地生活。

3. 从心理上根除猜疑

行为总是在执行心理的动态，从心理上根除猜疑，行为也就能与之决裂。要告诉自己："那个我不喜欢的人并不是坏人，我只是放大了他的缺点，没看到他的优点而已。长期这样的心理疏解，必能让你根除猜疑。

4. 增强自我调节能力

人生在世，我们不可能让每个人都称赞我们，对于别人对自己的评价，我们不必猜疑。但丁有一句名言："走自己的路，让别人说去吧。"要善于调节自己的心情，不要在意他人的议论，该怎样做还是怎样做，这样不仅解脱了自己，而且产生的怀疑也烟消云散。

5. 多沟通，解除疑惑

在人际交往中，彼此之间会有一些摩擦或误解，这也许是由于理想、观念的不同导致态度不同，也有些猜疑来源于相互的误解。这些情况，应该通过适当的方式予以解决，比如，两个人坐下来交流。通过谈心，不仅可以使各自的想法为对方所了解，消除误会，还能避免因误解而产生的冲突。

猜忌问题的根本在自己，只有不断地战胜自我，才能放下多疑心理。战胜自己的狭隘，就会心怀坦荡开朗；战胜自己的偏激，就会理智处事；战胜自己的浅陋，就会多一些宽容；战胜自己的孤僻，就会多一些友谊。这样不断战胜自我，才会迎来美好、和谐、舒畅、顺达的人生。

赢在心态

握好积极这把钥匙，打开心中抑郁的枷锁

有人说，人生如同一次征途，我们独步人生，难免会遇到种种困难，困难面前，我们难免会悲观失望，甚至看不到一丝曙光，但如果能听到朋友们的鼓励和支持，我们就会重获力量，闯过难关。

专家曾研究过，人际关系不好，性格孤僻或跋扈、有缺陷，容易导致抑郁症，抑郁又会进一步使人际关系恶化，这是一个恶性循环。

小刘是一名品学兼优的学生，马上就要硕士毕业了，但他的心里一直都有解不开的结。毕业前，他终于向多年的好友敞开了心扉。

其实，以前我的人际关系很好，你也知道，直到现在，我的人际关系也不坏，所以，我一直比较乐观。只有一件事，我为此痛苦过，自卑过，就是自己是乙肝病毒携带者，担心自己即使念到硕士，还是找不到工作。我是从山沟里走出来的，怕父母失望。我一直认为，这是我经历过的最痛苦的事情了，没想到和另一件事相比，这根本不算什么。你知道，上星期我们班的李继出车祸了，居然一夜之间成了残疾人，我才发现，自己比他幸福得多。能跟你把这些心里话说出来，我心里舒服多了。

很多数据和事实一再说明了这样一个令人感到遗憾和痛心的现象：有心理障碍并想不开的人，大多数没有寻求过心理帮助。有的人之所以会选择自杀，就是因为他们有过重的心理压力而又不向朋友倾诉。生活中多数人回避自己的心理问题，不去勇敢地正视和面对它，没有积极地进行规范治疗，结果导致悲剧事件屡屡发生。

敞开心扉是抑郁患者摆脱抑郁的关键。而抑郁症患者为什么很难做到这一

点？因为他们有某种心理上的顾忌，他们不愿意承认自己有抑郁症，更别说积极主动地配合医生治疗了。

很多抑郁者在患病后，会选择偷偷吃药而不公开病情，就是因为他们对抑郁症的认识不足，将它误认为神经衰弱、精神分裂。再加社会上一些人对抑郁症患者投以冷眼或歧视，背后传播流言蜚语，让那些本已伤痕累累的心灵雪上加霜，不敢袒露自己的苦闷。

那么，我们该如何向朋友寻求帮助呢？

1. 寻找信任的朋友

只有信任的朋友才会为你保密，真心地帮你解开心结。

2. 不要为朋友带来困扰

你需要寻求帮助的朋友必须是内心坚强的人，如果他比你更容易产生抑郁情绪，那么，你只会为他带来困扰。

3. 必要时寻求心理医生的帮助

如果你觉得朋友并没有帮助你脱离内心的煎熬，那么，你应该说服自己，寻找心理医生来为你解疑释惑。

生活中，寻求心理治疗的患者多半有两种情况，一种是自己已经认识到问题的存在，自愿寻求帮助；另一种是在爱人、朋友、父母的支持下寻求心理医生的帮助，这对于患者的治疗和恢复有很大益处。

了解抑郁，才能更有效地远离抑郁。越早去面对心理创伤，就会越早走出心理创伤的阴影。要摆脱抑郁，最重要的是与别人交流，敞开自己的心扉，才能找到病候，对症下药。

探索源头，和童年的心理阴影说再见

我们生活的周围，有这样一类人：他们因容貌、身材、修养等方面的因素不敢与周围的人交往，逐渐产生孤僻心理。社会心理学家经过跟踪调查发现，在人际交往中，那些心理不健康者，相对于那些健康者，往往难获得和谐的人际关系，也无法从这种关系中获得满足和快乐。

一般来说，孤僻心理都有以下几个表现。

（1）太过冷静。理想的心理状态应该是乐观的、积极的、稳定的，不会因琐事忧心忡忡，也不会冲动莽撞。然而，不难发现，生活中有这样一类人，他们似乎总是以冷静和沉默来面对周遭发生的一切，其实，这是典型的孤僻心理。

（2）行为偏执极端。生活中，一些人遇到不顺心的事，就采取过激的行为来发泄，这也是孤僻心理的表现。

（3）意志品质欠佳。那些意志坚强的人，对自己的行为有一定的自制意识和调节能力，既不刚愎自用，也不盲目随从，在实践中注意培养自己的果断与毅力，经得起挫折与磨难的考验。

那么，如何消除孤僻心理呢？应注意做到以下几点。

（1）完善个性品质。其实，只要你拥有良好的交往品质，从恐惧中迈出第一步，就能得到朋友的喜欢，慢慢地，心结也就解开了。"人之相知，贵相知心。"真诚的心能使交往双方心心相印，彼此肝胆相照，真诚的人能使交往者的友谊地久天长。

（2）正确评价自己和他人。孤僻的人一般不能正确地评价自己，要么总认为自己不如别人，怕被讥讽、嘲笑、拒绝，从而把自己紧紧地包裹起来，保

第03章　远离压抑，拥抱阳光

护着脆弱的自尊心；要么自命不凡，不屑于和别人交往。孤僻者需要正确地认识别人和自己，多与他人交流思想、沟通感情，享受朋友间的友谊与温暖。

（3）培养健康情趣。健康的生活情趣可以有效地消除孤僻心理。利用闲暇潜心研究一门学问，或学习一门技术，或写写日记、听听音乐、练练书法，或种草养花等，都有利于消除孤僻心理。

（4）学习交往技巧。你可以多看一些有关人际交往的书籍，多学习一些交往技巧，把这些技巧运用到人际交往中。长此以往，你会发现，你的性格会越来越开朗，你的人际关系也会越来越好；同时，你会收获不少知识，认知上的偏差也就能得到纠正。

第04章
浇灭怒火，
内心之火只会伤人伤己

生活中令我们生气的事情实在太多，我们会愤怒，每个人都不可能完全活在无情绪的世界里。但我们不要把这些情绪压抑在心中，因为一味地压抑心中不快，只能暂时解决问题，负面情绪并不会消失，久而久之，就可能填满我们的内心世界，使我们的身心越来越疲惫。因此，在愤怒时，我们一定要学会浇灭愤怒的火焰，才能避免因不当的发泄给自己和他人带来困扰。

第04章 浇灭怒火,内心之火只会伤人伤己

冲动之前先思考一分钟

生活中,难免会遇上各种各样的事情,遇到事情的时候可能也会变得冲动,从而作出一些自己都不知道该不该做的事情,因此也就会产生许许多多的埋怨。在不管遇到什么事情的情况下,都要冷静地让自己思考一下,哪怕只是短短的几秒钟,也许结果完全不一样了。

小罗在他们公司工作多年了,业绩很不错,也深受领导的赏识,但是恰恰遇上了一件让人不开心的事情。最近小罗联系到一个客户,这客户也有点怪异。开始的时候说先汇3000元定金,但客户打了2990元,其实就是扣除了手续费。然后经理就找小罗谈话,说这客户怎么能这样做事,同时提醒小罗交货的时候一定要把余款收回来。交货的时候客户说没钱,说是过两天给转账。小罗心想,客户也不会因为余下的几块钱跑了,没有收回余款就回公司了。这下惹得经理不高兴了,问小罗为什么不把钱收回,如果收不回来怎么办?小罗耐心地解释给经理听,但是经理一句话都听不进去。小罗说如果客户第二天没给钱,他会天天打电话催的。当天事情也就过去了。

在余款没收回来的时候,小罗就没有安静的日子过了,经理一到公司就让小罗催客户的货款。三天之后客户把余款汇了过来,可小罗却觉得自己的这几天真是种煎熬,因为经理每天都让他催款,所以毅然决定辞职。他心想出去后找份工作很容易,结果出去之后才知道不是他自己所想的那样。小罗现在非常后悔当初因一时冲动而离职。

生活中有很多人和案例中的小罗一样,因为一时冲动作出让自己后悔的事。所以,我们不管做什么事都需要冷静地思考。

具体说来,你需要做到以下几点。

1. 放慢语速，调整心情

如果你在说话，你可以试着让自己的呼吸均匀下来，然后做自我暗示"放松，冷静"。如果你的情绪很激动，那么不妨先闭上眼睛，然后想想让自己高兴的其他事情，并尝试着站在对方的角度审视自己的行为，慢慢你就能冷静下来了。

2. 抑制怒火，冷静反应

当有人朝你大喊大叫或者用语言攻击你的时候，你怎么做？你是以牙还牙还是置之不理？对于这种情况，我们无法控制对方的行为，但我们可以调整自己的行为。此时，你完全可以不作任何回应。你的反击只会激发对方的挑战情绪，只会让事情更糟糕。而对其不予理睬，对方就失去了愤怒的"燃料"供应，想燃烧也难了。

一个理智的人不管遇到什么事情，不管别人如何"挑衅"，都会保持冷静的头脑，会让理智驾驭自己的情绪，体现自己的大家风范。相反的是，在怒火中燃烧的你，发现了周围人的眼神吗？发现了对方已经被你深深地伤害了吗？发现了你那恐怖的表情吗？

冷静下来，浇灭愤怒的火焰

在繁忙紧张的现代生活中，人们变得脆弱易怒。是尽情发泄，还是忍气吞声？事实上，这两种做法都是不正确的。把怒气发泄给别人，会赶走朋友，得罪他人；而只是一味地压抑满腔的愤怒，问题并不会因此得到真正的解决。这股巨大的负面能量若是不能得到纾解，囤积在身体内就会侵蚀我们的健康。

有一天，小魏带儿子逛完超市回来，在旧货市场门口正常过人行横道，走到马路中间时发现几米远的地方有一辆红色小车开过来，她心里想还有段距离，

第04章 浇灭怒火，内心之火只会伤人伤己

过去还来得及，更何况驾驶员看到有人在走人行横道应该会让行的。可是让她意想不到的是这个驾驶员非但没有减速反而加速行驶过来，速度之快让她没有反应能力。当她反应过来的时候就听到一阵急刹车的声音，驾驶员将车停在离她不到半米远的位置，而且已经压在人行横道的线上了。这时，小魏吓得心怦怦地直跳，要知道她还带着儿子呀！她下意识抬头一看，开车的竟然是一个漂亮的年轻女性，而当她准备离开时，没想到这个女司机从车上下来，指着小魏就骂："长没长眼睛啊，没看见车啊？"这时的小魏真觉得莫名其妙，明明是她差点撞了自己和儿子，却反咬一口，真是没道理。而这个时候，马路边上已经聚集了一堆人，对这个女司机指指点点的，似乎是在说她的不对。小魏本打算把儿子带到安全的过道上再与其理论，可一想，这样实在影响不好，事情又不大，也毁坏了自己形象，于是拉着儿子离开了。剩下那个女人在那里破口大骂，围观的人还没有散去。

小魏的做法是对的，而那个女人则在公众场合丑态百出，可能她自己还没意识到，想从小魏那里赢得一个胜利，而小魏则明智地退身，保全了自己的形象。

那么，怎么做才能完美地处理生活中遇到的愤怒呢？

1. 认识自己发怒的原因

当你的情绪稍微冷却下来以后，你可以试着认清自己发怒的原因。你是不是因为同事总是对你的体重或发型冷嘲热讽而气恼不已？还是每次上司理所当然地要求你加班你都怒不可遏？要预先想好发生这种情况时消除怒气的方法。

2. 使用建设性的内心对话

赫尔明指出："许多怒火中烧的人不分青红皂白责备任何人和事：什么车子发动不了啦、孩子还嘴啦、别的司机抢了道啦之类。使怒气无法消除的是你自己的消极思维方式。"既然想法是导致情绪的主因，那么，容易动怒的人就应该加强内心的想法，准备一些建设性的念头以备不时之需。例如，"我在面对批评时，不会轻易地受伤"；"不论如何，我都要平静地说，慢慢地说"等。

当你能熟悉这些"灭火"步骤时，你就会发现，自己花在生气上的时间越

来越少，而花在完成工作上的时间也就相对越来越多了。必定有用！只要你肯去试。

3. 不要说粗话

不管你说的是"傻瓜"还是更粗野的词语，你一旦开口辱骂，就把对方列为自己的敌人。这会使你更难为对方着想，而互相体谅正是消弭怒气的最佳秘方。

愤怒是一种大众化的情绪——无论男女老少，愤怒这种不良情绪都在毒害着我们的生活。因此，不管在家里，还是在工作中，甚至在与你亲密的人相处的过程中，都需要进行愤怒情绪的调节，从而浇灭愤怒的火焰。

拓展心的容量，不给愤怒侵袭的机会

生活中，我们经常会遇到一些令人气愤的事，那些心胸宽大的人能做到控制好自己的情绪，这不仅会显示其大家风范，获得尊重和敬仰，也会收获到很多快乐。

一位德高望重的长老，在寺院的高墙边发现一把座椅，他知道有人借此越墙到寺外。长老搬走了椅子，凭感觉在这儿等候。午夜，外出的小和尚爬上墙，再跳到"椅子"上，他觉得"椅子"不似先前硬，软软的甚至有点弹性。落地后小和尚定眼一看，才知道椅子已经"变成"了长老，原来他跳在长老的身上，后者是用脊梁来承接他的。小和尚仓皇离去，此后一段日子他诚惶诚恐地等候着长老的发落。但长老并没有这样做，压根儿没提及这件"天知地知你知我知"的事。小和尚从长老的宽容中获得启示，他收住了心再没有去翻墙，通过刻苦的修炼，成了寺院中僧人的佼佼者，若干年后，他成为这里的长老。

第04章 浇灭怒火,内心之火只会伤人伤己

这个小故事估计我们早已耳熟能详,但它却一直向生活中的每个人昭示着同一个道理:宽容精神是一切事物中最伟大的。我们在接受别人的长处之时,也要接受别人的短处、缺点与错误,这样,我们才能真正地和平相处,社会才显得和谐。

正所谓,忍一时,风平浪静;退一步,海阔天空。宽容就是不计较,事情过了就算了。每个人都有错误,如果执着于其过去的错误,就会形成思想包袱,不信任,耿耿于怀,放不开,限制了自己的思维,也限制了对方的发展。

一个智者这样说过:"你必须宽容三次。你必须原谅你自己,因为你不可能完美无缺;你必须原谅你的敌人,因为你的愤怒之火只会影响自己和家人;在寻找快乐的路途中,最难做到的或许是你必须原谅你的朋友,因为越是亲密的朋友,越能于无意中深深中伤你。"我们常常对别人太严厉了。世俗的舌头,我们更习惯用它在人群中掀起风雨。每个人都在企图证明:我是对的,而你是错的。而宽容待人,就是在心理上接纳别人,理解别人的处世方法,尊重别人的处世原则。

你是否曾因为朋友无意中的一个过错而耿耿于怀?你是否因为想证明自己的观点而对朋友恶语相向?如果是,请考虑一下对方的感受吧!人总有自尊心,没人会愿意被人直指短处。更何况,我们所想的真理,其实可能正是他人认为的谬误。

不过,宽容说起来简单,可做起来并不容易。"宽容",归根结底,根源于爱和理解。只有心中有爱,我们才能以同情的态度对待他人,才会充分尊重他人的立场和见解。只有爱,才能消除彼此的敌视、猜忌、误解;而爱的荒芜和消亡,将使最亲密的人彼此伤害、仇视,甚至恶语相向。

宽容是一笔无形的财富,有了宽容之心,我们就会变得善良、真诚,它会帮我们亮起一盏绿灯,帮助我们在工作中通行,选择了宽容,其实便赢得了财富。

 赢在心态

发现愤怒的根源，然后清除

我们的生活、工作中，总是有这样一些修养良好的人，他们对世间万事万物都能泰然处之，即使"兵临城下"，也不会愤怒。这并不是因为他们没有情绪，而是因为他们能权衡好不良情绪给自己和他人带来的不利影响，因此，他们通常会在最快时间找到怒火之源，并将其彻底消灭。这样的人更能得到他人的认可，因为他不会让自己的负面情绪伤害到身边的人。同时，他也成了自己美好的修养和品质。

小徐是一家医院的护士，在一天的日记中，她这样写道。

周六那天早晨来了一个女人带一个小孩来挂水，那女人穿得还有模有样的，没想到素质很差。那天天气一点都不热，大概只有27℃。她一来就把输液室的空调打开了，她也不顾其他病人。开就开了我也没讲什么，但是她倒好，开空调却把我们的门窗全开了。我就说："你开空调至少要把我们的窗户关一下。"我也没觉得我说了什么过分的话，那女人立马来一句："好玩呢，不是你来关了吗？你自己的事情不做，要我做啊？"听到这话，我真气得够呛，但是我还是忍了，毕竟有其他病人在，吵起来对其他病人也不好，我就没讲话走了。过了10分钟陆续有病人换地方挂水了（都嫌冷），有的病人就讲那女人素质差。可能是她听到了病人的议论还是自己冷了，她又把空调关了。关了之后，刚好我在给一个病人挂水，她趾高气扬地来一句："哎，等你弄好，过来帮我把窗户开开。"我听得气死了，她一副命令的口气，好像是应该的。刚好那会儿很忙，我自然是没理她。我也生气，凭什么帮她开窗户啊，她又不是病人，何况那么傲气。又过了10分钟，她居然很没修养地冲到我们治疗室来了，冲着我就来了句："你忙好了吗？忙好了还不来开窗户。我到你们

第04章 浇灭怒火，内心之火只会伤人伤己

医院来还要我亲手开窗户啊！"当时真的很想骂她，想想算了，跟这种没有修养的人计较只能显出我的修养也不高。说实话上班这么多年这种女人还第一次碰到，素质太差了。

从小徐的日记中，我们能知道，她的确很生气，可是她没有对那个女人发火，没有愤怒，从而保全了自己的形象；相反，如果面对这样一个素质差的女人，与她"对着干"，或许她能泄一时之气，可事后呢，医院的人会认为小徐的修养不好，品质不好，也给人留下"泼妇"的形象。

有修养的人心胸宽广，自然也就不会因为一点小事而愤怒，他们会以微笑和包容对待侵犯的人；相反的，很多人总是以牙还牙，骂得脸红脖子粗，还不肯罢休。其实他们不知道，背后已经有很多人在议论自己了，自己的形象早已荡然无存。

可见，愤怒了随便发泄，不仅损坏了人际关系，也伤害了自我形象。但如果强控愤怒，对身心健康不利。当自己怒火中烧，或者成为别人发泄愤怒的目标时，怎么办？

你要尝试着让自己冷静下来，等你冷静下来后，你要问自己，是什么让你愤怒？找到原因，你就能想办法解决。如果每天让你产生坏情绪的是同样的人或者同样的事，那么，你就能避开很多头疼的问题了。

生活中令我们生气的事情实在太多了，我们会愤怒，这很正常，但我们不要把这些情绪压抑在心中，因为一味地压抑心中不快，只能暂时解决问题，负面情绪并不会消失，久而久之，就可能填满我们的内心世界，使我们的身心越来越疲惫。因此，在愤怒时，我们只有先找到怒火之源，并将其彻底消灭，才能避免因不当的发泄给自己和他人带来的困扰。

换位思考，就会减少怒气

在日常生活中，我们会遇到各种各样的事情。如果我们遇到不合自己心意或不顺心的事时就发脾气，就很容易不分青红皂白地指责人家，来排遣自己心

中的不满。而很多时候,如果我们能站在对方的角度去思考一下,我们便发现一切都情有可原,也就能减少怒气了。

张阿姨身体一直不好,有心脏病,还经常失眠。最近,隔壁好像在装修,经常大清早就开始施工,夜间失眠的张阿姨好不容易睡着,又被吵醒了。为此,张阿姨的儿子很生气,要去对面理论一番。

谁知道,第二天大清早,邻居就敲开了张阿姨家的门,张阿姨从厨房走出来,这位邻居急忙上前做了一个作揖的姿势:"大妈,我今天来,是想说声对不起,我今天才知道您心脏不好,昨天打扰到您了,不过您放心,我给工人定了规矩,早上8点半到中午11点半,下午2点半,晚上最晚到6点半,如果违反我就扣他们的工钱。这是我的名片,他们如果做得不好您就给我打电话。"

从第二天开始,这些装修工人果然很守规矩,而且很会办事,用电钻、电锤时就过来告诉张阿姨一声,让老太太有思想准备。以往楼里一家装修全楼倒霉,不仅是噪声,楼里楼外又脏又乱。而这家的装修工人却把废料装在编织袋里,整齐地码放在楼角处。每天都有专人清扫楼道。由于有严格的工作时间,一套两居室足足装修了两个多月,时间确实长了点,可没招来邻居一句抱怨。

为此,张阿姨对儿子说:"多为人家想想,就没什么可生气的。"

替别人着想是一种美德,是解决问题的首要途径。换个角度来讲,替别人着想,就等于释放了自己,改善了自己的心境,使自己不容易生气。当我们发自内心地替别人着想时,同时自己心里的烦恼也能得到解脱和排遣。

我们要想摆脱不良的心境,就必须时常为别人着想,这是一种最有效的心理良药。如果有人做了让你愤怒的事情,你必然会生气,但你若能站在对方的角度上想一想,那么,你就会发现,事情完全是情有可原的。每个人都有自己的困难和压力,也许他正在应付紧张局面,也许家里发生了一些事情,正被弄得焦头烂额……了解清楚了,同情加温情,把他看作有错的能干的人,正在跟你一样努力活着。这样一想,你就完全冷静下来,愤怒情绪就不存在了。

从心理上讲,幸福与快乐就在自己的心中,幸福和快乐关键在于自己,在于自己对人对事的态度。替人着想作为一种内心的愉悦体验，是获得幸福快乐的最低成本途径，我们又何乐而不为呢？

从心理学角度，任何的想法都有其来由。任何的动机都有一定的诱因。了解对方想法的根源，就能够设身处地为对方着想，提出的方案也更契合对方的心理而得到接受。消除阻碍和对抗是提高效率的唯一方法。

第05章
鼓足勇气，
让悲痛忧伤一去不复返

人生苦短，有喜就有悲，正如天气有晴有阴一样，阳光不会一直照耀我们。如旅途一样，生命之旅也不会一帆风顺，总会有羁绊出现。莎士比亚说过："聪明的人永远不会坐在那里为自己的损失而哀叹。他们会用情感去寻找办法来弥补自己的损失。"的确，那些羁绊，那些不如意，难免会使我们悲伤，但只要我们勇敢一点，放下那些悲痛和忧伤，就会让内心充满快乐，就能继续前行。

第05章 鼓足勇气，让悲痛忧伤一去不复返

抛却昨日痛苦，微笑向前看去

在人生的路上，我们要懂得放下，放下那些失败的重担，才能肩负明天的希望。若把那些过往都逐个装进行囊，恐怕我们的路会越走越艰难，步子也会越来越沉重。

然而，生活中总有人一味沉溺在已经发生的事情中，不停地抱怨，不断地自责，将自己的心境弄得越来越糟。这种对已经发生的不可弥补的事情不断抱怨和后悔的人，注定会活在迷离混沌的状态中，看不见前面一片明朗的人生。

尘世之间，变数太多。事情一旦发生，就绝非一个人的心境所能改变。伤神无济于事，郁闷无济于事，一门心思朝着目标走，才是最好的选择。相反，如果跌倒了就不敢爬起来，就不敢继续向前走，或者就决定放弃，那么将永远止步不前。

放下昨天失败的负担才能重新起航。朋友，别以为胜利的光芒离你很遥远，当你揭开悲伤的黑幕，你会发现一轮火红的太阳正冲着你微笑。请用一秒钟忘记烦恼，用一分钟想想阳光，用一小时大声歌唱，然后，用微笑去谱写人生最美的乐章。

在人生的路上，当我们追求前方的成功时，突然被无情的挫折打倒，我们痛苦，那些无穷的悲伤霎时袭向我们，当一次次的努力尝试无果的时候，我们要反思，反思自己是否被悲伤压抑得丧失了原本的能力。

日本作家中岛薰曾说："认为自己做不到，只是一种错觉。"只有当你放下悲伤，以积极的心态去面对生活的挑战时，你的生命才会有无限的可能。最容易激发出无限可能的时机，正是我们最沮丧、最困顿的时候。绝望的那一刻，往往是希望的开始，只要不沉溺于悲伤，我们还可以从跌倒的地方再爬起来。

请抛却那些失败之后的不安吧，如果你想取得最后的成功，就必须破釜沉舟，就必须勇于忘却过去的不幸，开始新的生活。

忘记过去的成功与失败，给自己一个全新的开始，我们便会从未来的朝阳里看见另一次成功的契机。不要囿于曾经或者眼前的困境，任何时候都要有从头再来的勇气。无论你在人生的哪个时刻被命运甩进黑暗，都不要悲观、丧气，这时候，你体内沉睡的潜能最容易被激发出来。放下痛苦才能赢得幸福，放下烦恼才能赢得欢乐，放下忧郁才能赢得开朗，放下悲伤才能走出阴影。

总之，快乐的人总会给自己创造快乐，悲伤的人总让自己变得悲伤；不是生活让你怎么样，而是你使生活怎么样。我们每个人都有自己的快乐，只是需要你去找到它，那，就是幸福了。

人生短暂，不如意的事更是十有八九，失败不过为其一二。面对失败，我们要学会坚强，学会乐观，学会控制好情绪，更要学会调整自己的心态。保持好精神，拥有好心情，才是至关重要的。

痛苦中累计经验，让身心更加强大

有人说过这样的话，人生的冷暖取决于心灵的温度。可如今这社会就像一个大熔炉，把我们的心也烧得沸腾、喧嚣起来，忙碌紧张的生活更是让我们的心焦虑不安。我们常常会担忧：要是失业了怎么办，这个月又该还房贷了，我好像老了……令我们焦虑的问题实在太多了，而由此引起的负面情绪会一直纠缠我们，哪还有快乐可言。唐代僧人神秀曾作一偈："身是菩提树，心如明镜台。时时勤拂拭，莫使惹尘埃。"实际上，任何一个人，行走于世的时间长了，心灵难免会沾染上尘埃。让自己的心安静下来，淡然面对一切，快乐就不会减少。我们身边有很多每天都开心生活的人，他们的共同特质在于，无论外界多么嘈

第05章 鼓足勇气，让悲痛忧伤一去不复返

杂，他们始终为自己的心灵留一片净土。

蓝迪曾是一位陆军军官，后加入一家管理咨询公司，在这家公司，他是除了创始人以外的唯一不是工作狂的人。

再后来，他去了另外一个国家，创办了自己的公司。这家公司的员工工作很努力，因此，公司发展得很快。而他们则很羡慕蓝迪，因为蓝迪的工作很简单，每天只参加重要客户的会议，其他事务都授权给年轻的合伙人处理。

蓝迪认为领导者应该懂得把握主要工作，他把所有精力用于思考如何在与重要客户的交易中增加获利，然后安排以最少人力达到此目的。

在下属看来，蓝迪几乎是个超人，他似乎没有同时遇到过三件以上的急事，通常一次只有一件，其他的则暂时摆在一旁。为蓝迪工作的人在时间效率上充满挫折感，因为同蓝迪比起来，他们的效率实在是太低。

可以说，蓝迪是个工作效率高的领导者。他之所以能成功地管理自己的团队，就是因为懂得抓大放小，放下那些琐事，把主要精力放在更为重要的事情上。

从这里，我们可以看到，让内心安宁，能帮助活得更轻松。同时，内心安宁、不焦虑也是让我们不断前进的保证。相反，面对激烈的竞争，面对瞬息万变的环境，那些内心焦虑的人往往看不清楚真正的自己，也就不能及时察觉自身的缺点，不能用最快的速度修正自己的发展方向，必然会在学业和事业中落伍，被无情的竞争淘汰。

现实生活中，一些人在人生发展的道路上不能静下心来，焦虑的他们把命运交付在别人手上，或者人云亦云，盲目跟风。他们忽视了自己的内在潜力，看不到自身的强大力量，甚至不知道自己到底需要什么，不知道未来的路在哪里，于是，他们浑浑噩噩地度过每一天，从事自己不擅长的工作和事业，以致踟蹰不前，一直无所成就。

别忘了，在闹市中，要想不断进步，就要放下焦虑的情绪，让心安宁下来，只有这样，才能发现自己的缺点或者做得不够好的地方，然后加以改正，使自己不断进步，并能扬长避短，发挥自己的最大潜能，从而不断获得成功。

|赢在心态

擦干泪水,继续前行

生活中,你是否遭遇过失败?你是否意志消沉过?你是否奋力一击过,但最终还是彻底失败?你的健康是否出现过问题?其实,你不要害怕,即使遇到这些情况也不能阻挡你达成最后的目标,其实,失败是我们通往胜利路途上的一小部分而已。伟大的成功通常是在无数次痛苦失败之后得到的。大剧作家萧伯纳曾经写道:"成功是经过许多次的大错之后得到的。"

曾经有两个年轻人失业了,他们去拜访拿破仑·希尔,想询问他如何才能变得积极起来。拿破仑·希尔说:"记得刚开始时,我供职于一家信息报道公司,这家公司的待遇并不好,不过我已经很满足了。后来,公司因为业绩不怎么样,不得不裁员,像我这样对公司毫无用处的人自然就在裁员之列了。果然,不久后,我就收到了公司的裁员通知。刚开始,我真是万念俱灰,我失业了,我该怎么接受。但很快,我冷静下来,我发现,离开这个工作岗位是有好处的,因为我不喜欢这份工作,也不会有什么大作为,我只有离开这儿,才能有找个好工作的机会。果然不久我便找到一个更称心的工作,而且待遇也比以前好。我因此发现被辞退这件事,确实是件好事。"

拿破仑·希尔总结道,把失败转变为成功,往往只需要一个想法紧跟一个行动。我们发现,那些成功者都是勇敢的、理智的,即使遇到失利,他们也不会退缩,而是能化悲痛为力量,把失利当成提升自己的一次机会。他们这样勉励自己:"我要振作精神,跟命运搏斗;我要把痛苦化为力量,设法有所建树。"实际上,在失利面前,我们不得不停下来好好想想、歇歇脚步。失利正好给了我们反省的机会,这更利于我们看到自己的不足。

一朝一夕就成功是不可能的。每一个奋发向上的人在成功之前都曾经历无

数次的失败。我们需试验、耐心和坚持,才能汲取经验,取得成功。而化失败为动力的方法是以下几点。

(1)仔细分析现状,找到自己的问题,不要怪罪任何人。

(2)给自己重新制订一份计划,这份计划须要考虑到前一次失败的原因。

(3)不妨去想象一下自己获得成功后的欢愉场景。

(4)收起那些曾经让你不快的记忆,它们现在已经变成你未来成功的肥料了。

(5)重新出发。

你可能需再三试行这五个步骤,然后才能如愿达到目标。重要的是每尝试一次,你就能增加一次收获,并向目标更进一步。

在我们追求成功、实现人生理想的征途上,无论遇到什么情况,都不要自己打败自己,凡事都往积极的一面看,这样就能顺利战胜失败的打击。如果能养成细致入微的观察力,就会看到事物往好的方向发展的一面。

坚强面对挫折,在失败中寻找成功

有一位虔诚的作家,在被人问到该如何抵抗诱惑时回答说:"首先,要有乐观的态度;其次,要有乐观的态度;最后,还是要有乐观的态度。"

一次,孔子带着学生去郊外散步,看见一位老者在田里捡麦穗,还哼着小曲,子贡问道:"老伯,你这么大年纪,还在田中捡麦穗,真可怜啊,怎么还唱歌呢?"老人笑着说:"我的快乐在你们心里是忧虑,我虽然贫穷,但我心安理得,所以我没有烦忧,心里有的只是欢乐的歌。"人遇困惑,如能想得开、拿得起,放得下,最为可取。北宋大文学家苏轼被贬到海南时,赋诗曰:"参横斗转欲三更,苦雨终风也解晴。云散月明谁点缀?天容海色本澄清。空余鲁叟乘桴意,粗识轩辕奏乐声。九死南荒吾不恨,兹游奇绝冠平生。"这是何等的洒脱大气、

磊落胸怀,又是何等的豁达乐观!

因此,生活中的人们,无论命运把你抛向何种险恶的境地,都不要被忧伤的眼泪迷住双眼,而应该毫无畏惧,用你的笑容去对付它!如果你能正确地看待挫折,那么,你就能找到一个新的起点、新的角度,发现是什么使得你裹足不前。

一个乐观开朗的人,无论面对什么样的生活,都有能力重新开始,即使在地狱中,也能重新走入天堂。对于任何一个人来说,这是比什么都重要的财富。

向前看,让痛苦成为永远的过去式

人生如变幻莫测的天空,刚才还晴空万里,转眼间阴云密布、倾盆大雨。但这些都是上一秒发生的事,人要向前看,不管过去多么悲伤失意,过去了的总归过去,只有向前看,才会有希望。

有这样一篇日记。

刚开始的几天,心里面真的很难受。我是一个很固执的人,认为自己再也走不出记忆了。现在我都不太清楚那些天是怎么样过来的,曾经我强迫自己去忘掉,可是越是这样,那些画面在我的脑中越清晰。悲伤、难受这些词根本无法诠释我当时的心情。也不知道是从什么时候开始,我接受了这个事实,不再刻意地去想以前,我努力地生活,努力地让自己快乐。我关心着身边的每一个人。渐渐地,自己走出来了,偶尔听别人提到他,也忍不住去关心一下他,但是我知道这已经与爱情无关了。

恐怕很多人在爱情路上曾受过伤,也有过这样一段"疗伤"的经历。

人活于世,谁都不愿提起和想起的伤心往事,被人们称为"旧伤"。它不像电脑程序,可以被删除、剪切,只能靠我们自己来修复。那么,我们该怎样从心理的角度"修复"那些旧伤呢?

第05章 鼓足勇气，让悲痛忧伤一去不复返

1. 不要强迫自己去忘记某件事情，把一切交给时间

忘记任何一件痛苦的事，都需要一个过程。因此，即使有时偶尔会想起它，其实也无妨。当你想起它时，你可以对自己说：那都是过去，看我现在多快乐啊！相比过去而言，现在的我是多么的幸福啊……人要往前看，往好处想，这样，随着时间的流逝，那些过去也就真的成为"往事"了。

2. 转移注意力，不给"旧伤"复发的空隙

你可以从现在起把你的时间排满，做一点别的事情来转移你的思想。打开你的生活圈子，关心你的朋友、亲人。这样你会觉得快乐，淡忘那些痛苦的回忆。

3. 找到适当的发泄方式

你可以试着找真诚的朋友听你诉说心里的苦闷，多听听他人的意见，多从积极乐观的角度去想事情，微笑着看待生命中的每件事。同时，你也可以尝试其他适合自己放松和发泄的方式，比如逛街、欣赏音乐、跳舞、跑步、看书等。

可见，乐观豁达的态度，无论对于我们自己，还是生活在我们周围的人，都能带来积极的情绪、带来成功。思维心理学专家史力民博士指出："乐观是成功的一大要诀。"他说，失败者通常有一个悲观的"解释事物的方式"，即遇到挫折时，总会在心里对自己说："生命就这么无奈，努力也是徒然。"由于常常运用这种悲观的方式解释事物，无意中就丧失了斗志，不思进取了。

笑对人生，生活不会亏待每一个热爱它的人。生命是一次航行，自然会遇到暴风骤雨，那么，我们该如何驾驶生命的小舟，让它迎风破浪，驶向成功的彼岸？这需要勇气，需要以一种平常心去面对！

人生是精彩的，但一个人是寂寞的，一个人的世界并不精彩，那么，何不敞开心扉？

第06章
喜欢自己，用自信塑造法摒弃自卑

自卑的心理使一个人在人生道路上常走下坡路。其实，战胜自卑并非难事，不要过于看重一次的失败与丢丑，不要因先天的缺陷而抬不起头，在生活中以平和的心态对待周围的人和事，慢慢地，当你扬起自信的风帆，划动奋斗的双桨，一定会发现一个生气勃勃的你，一个潇洒自如的你，一个成功的你！

第 06 章　喜欢自己，用自信塑造法摒弃自卑

不必太敏感，锻炼好自己的"厚脸皮"

自信，是一种对自己素质、能力作积极评价的稳定的心理状态，即相信自己有能力实现既定目标的心理倾向，是建立在对自己正确认知基础上的、对自己实力的正确估计和积极肯定，是自我意识的重要成分。自卑则主要表现在认知上不欣赏自己，看不到自己的优点，不相信自己的能力，甚至贬低自己，以致面对别人的肯定和赞扬时也可能不知所措，不能坦然接受；行为退缩，因为害怕犯错误或遭遇失败而不敢做事，与人交往时显得被动等。

人的自信是一种内在的东西，需要由你个人来把握和证实。所以，在建立自信的过程中，一定要学会自我激励。比如，当你遇到重要的事情，需要鼓起勇气来面对时，你可以说："父母赋予我生命，就赋予我无穷的智慧和力量，凡事都能做。"这样可以增强自己内在的信心，激发自己内在的力量，从而成功地达到目的。当然，这种激励只是一种临时的办法，要想长期在自己的内心建立自信，那就需要不断地激励自己，直到形成习惯。

很多作家、艺人在未成名之前都受到过冷落和轻视，但是有自信的人能够看淡这一切，继续走自己的路。不经过一番努力，没有人能获得成功；"天下没有免费的午餐"，天下没有"不劳而获"的事情，重要的是，要有自信，并且相信自己。

畅销书作家刘墉曾有过这么一段经历。

在第一本书《萤窗小语》写完之后，刘墉原本打算找出版社给他出版，却没有得到任何回应。后来，他不得不花钱出版。没想到的是，他的书却卖得很火，令当初拒绝他的出版社大跌眼镜。

对于自己的成就，刘墉是这样说的："幸亏他们的退稿，我才有今天。"

他还说:"当你站在这个山头,觉得另一座山头更高更美,而想攀上去的时候,你第一件要做的事,就是走下这个山头。"所以,虽然今天的刘墉已经很成功了,他也没放弃自己所坚持的,也不会因别人眼光而改变自己,这才是真正的自信。

的确,无论任何时候,唯有自己相信自己的才华,别人才可能相信你。自己不放弃,别人又怎么能放弃你呢?

美国华裔女主播宗毓华曾说过:"不要怀疑自己的才华。"她之所以能够以华裔女性的身份跻身在人才济济的美国电视圈,受到大众的肯定和喜欢,就是凭借她的才华和自信。的确,只有自己相信自己,才能在挫折连连的时候努力走出自己的路,不因别人而放弃自己。没有任何人可以放弃你,除非你先放弃了自己。

自信心的积累需要一个过程,任何人并不是在刚开始就能踌躇满志,但无论如何,我们都要相信自己,肯定自己。自信能让我们走上光明大道,而相信自己的才华,是自信的开始。

面对缺点,坦然一笑

我们常说"人无完人",每个人都有自己的长处和优点。但现实生活中,并不是每个人都能认识到这一点,都能做到不怀疑自己,而懂得欣赏自己的人更是少之又少。自信是一种认知的开始,因为只有透过自我观照,才能了解自己的专长、能力和才华。

姚颖从小就是个自信、大胆的女孩。大学毕业后,她进了一家电子公司的行政部门,做起了安安稳稳的文职工作。

有一次,公司开会,老总希望能从人员过多的行政部门调几个人到市场部门,他问大家的意见,结果谁也不肯站出来。因为他们都认为自己是"学院派",科班出身,怎么能走街串巷、满脸堆笑地揽活呢?

第 06 章 喜欢自己，用自信塑造法摒弃自卑

这时，姚颖猛地站起来，自告奋勇地说："老总，我愿意！"因为她相信自己同样能胜任市场部门的工作，这远比在"毫无出息"的行政部门更能体现自己的能力。于是，她马上被调到业务部工作。对她来说，这是十分陌生的工作岗位，很多事情让她感到晕头转向。她必须迅速适应周围的一切，尽快建立自己的客户网络，才能扩大业务成交量。

姚颖开始走出办公室，主动和别人商谈合作事宜，了解市场上的价格与折扣。她成了个大忙人，不仅要负责业务部的大小事务，还要将自己对公司每一项产品进行实地调查的情况做成书面报告交给老总，以便公司开展下一步具体工作。

在业务部，姚颖工作四年了，如今的她，已建立了稳固的客户群，同时又让部门其他业务人员充分施展了自己的才干。他们团结合作，创造了前所未有的业绩，使公司上上下下都对她刮目相看，很快，她便进入了公司的管理层。

这个职场故事中，姚颖顺理成章地进入了管理层，而当初和她坐在同一间办公室的同事还在从事原来的工作。她靠着自己的无所畏惧，勇于担当，才抢占到先机，让自己在竞争激烈的环境中脱颖而出，成为领导眼中的宠儿。

自信是对自己的高度肯定，是成功的基石，是一种发自内心的强烈信念。我们需要自信。无论在生活还是工作中，一个自信的人，常看到事情的光明面，既能尊重自己的价值，同时也尊重他人的价值。自信是个人毅力的发挥，也是一种能力的表现，更是激发个人潜能的泉源。为此，你需要做到以下几方面。

1. 不断学习，提升实力

在今天，素质决定着命运。当然，认识到这一点后，你就要实事求是地宣传自己的长处，展示自己的才干，并适当表达自己的愿望，这样才能让别人更加了解你，也能给予你更多的机会。

2. 不断超越自己

任何人，在这个快节奏、高效率的时代，要想脱颖而出，要想进步，就必

赢在心态

须要做到不断挑战自己。要知道,一个人的能力是需要不断挖掘的,只要我们能相信自己,欣赏自己,摒弃自卑,就能在职场、事业上不断彰显自己的能力和价值。

在经济飞速发展的今天,机遇和挑战无处不在。我们不妨自信一点,给自己一个发挥长处的机会,初登舞台,放低姿态;站稳脚跟,慢慢发展;等到机会出现,就一定要大胆出击。有了这种敢于冒险、勇于迎难而上的精神,你才能够创造奇迹。

懂得欣赏并善于展示自己的过人之处

俗话说"金无足赤,人无完人"。能否接纳自己是衡量一个人心理状况是否积极、健康的一项重要指标。生活中,很多人因为自己的一些缺点而感到自卑,甚至一蹶不振。但如果一个人足够自信而坦承自己缺点的话,那么,他会显得很可爱。

在一次盛大的宴会上,服务生倒酒时,不慎将酒洒到了坐在边上的一位宾客那光亮的秃头上。服务生吓得不知所措,在场的人也都目瞪口呆。而这位宾客却微笑着说:"老弟,你以为这种治疗方法会有效吗?"众人闻声大笑,尴尬场面即刻打破了。

借助"自嘲",这位宾客既展示了自己的大度胸怀,又维护了自我尊严,令人对其心生敬意。

现实生活中,我们会发现,那些高高在上、看似完美的人似乎没有什么朋友,人们也不愿意与之交往,这就是因为他们用完美给自己树立了"高大上"的形象,反而让人敬而远之。

有研究结果表明:对于一个德才兼备的人来说,适当地暴露自己一些小小的缺点,不但不会形象受损,而且会使人们更加喜欢他。这就是社会心理学中

第06章 喜欢自己，用自信塑造法摒弃自卑

的"暴露缺点效应"。那么，人们为什么会对那些暴露缺点的人有更多的好感呢？这是因为以下几方面。

（1）人们觉得他更真实，更好相处。试想，谁愿意和一个"完美"的人相处呢？那样只会觉得压抑、恐慌和自卑。

（2）人们觉得他更值得信任。众所周知，每个人都有缺点，坦承自己的缺点可能会使人失望，难受一阵子，但经过这"阵痛"之后，人们对他的缺点会注意力下降，反而更多地注意他的优点，感受他的魅力。

与此相反，假如一个人为了给人留下好印象，总是掩盖自己的缺点，可能刚开始会让大家觉得他是个不错的人，可一旦缺点暴露后，就会使人们更加难以接受，并给人以虚伪的感觉。这正如一位先哲所说的那样："一个人往往因为有些小小的缺点，而显得更加可敬可爱。"

生活中，尤其是作为领导和长辈的人常常认为：在与下属或晚辈交往中，应尽量向他们展示自己的优点，以便下属喜欢自己，从而使自己具有较高的威信。其实，这种想法是错误的，因为把自己装扮成"趋于完美的人"，会让对方有种"可敬而不可即""可敬而不可爱""可望而不可即"的感觉，不是一群活生生的人，而只是一具具毫无瑕疵又不带感情的躯体，从而减少对自己喜欢的程度。

"金无足赤，人无完人"，生活中，那些"趋于完美""毫无瑕疵"并没有太多朋友的人，越是苛求完美，人际关系也越差，因为这些人虽然优秀，但不可爱。自己有缺点，最好的办法就是坦然地承认它。

摒弃自卑，发现自己的与众不同

我们身处一个开放和竞争的年代，人际交往越发频繁，要求我们拥有驾驭自我情绪的能力。然而，在我们周围，有些人会时不时地感到自卑，这样的人，

即使有再多的才华，恐怕也难获得广阔的施展空间。心理学家说，自卑是一种消极的自我评价或自我意识，即个体会因为自己某些方面不如别人而产生对自己不信任的消极情感，而自卑感就是对自己的能力、品质、外貌等各个方面的评价都偏低的一种消极的自我意识。具有自卑感的人总认为自己事事不如别人，自惭形秽，丧失信心，进而悲观失望，不思进取。被自卑感所控制的人不仅看不到自己的长处，影响自身创造力的发挥，还会使正常的精神生活受到束缚。

社会心理学家经过跟踪调查发现，在人际交往中，心理状态不健康者，往往无法拥有和谐、友好和可信赖的人际关系，在与人相处中，既无法得到快乐满足，也无法给予别人有益的帮助，其主要原因就是他们无法做到正确的自我认知。

吴女士是我国恢复高考后的第一届大学生。用她自己的话讲，在学校学习乃至后来参加工作中，她的学习成绩和专业技能可以说都是同龄人中的佼佼者。可是她生性胆怯，怕与陌生人打交道，开口讲话就脸红。有时不得不随单位或丈夫参加一些社交活动，她却总是感到非常不自在。最让她感到难过的是，年初，单位要搞处级干部竞争上岗，其中一关是"施政演说"。她没有足够的勇气和胆量，最后只好放弃。

吴女士的专业和资历绝不比别人差，然而就是这个由"胆怯、害羞"组成的自卑拖了她的后腿！其实可以说，是吴女士的"想法"拖了她的后腿。同时，心态不开放、想法单一也是造成她自卑的重要原因。

一般情况下，一个人的自我评价，往往是根据自己和他人的评价两个方面产生的，从而看到自己的长处和短处。然而，有的人在与他人的比较过程中，常拿自己的短处与别人的长处比，结果往往是令自己自惭形秽，越比越觉得自己不如别人，越比越泄气。只看到自己的不足，忽视自己的长处，久而久之就会产生自卑感。

自卑并不是一种情绪，而是一种长期存在的心理状态。有自卑心理的人在行走于世的过程中，其心理包袱会越来越重，直至压得自己喘不过气。它会让自己心情低落，郁郁寡欢。因为不能正确看待自己、评价自己，他们常害怕别

第 06 章　喜欢自己，用自信塑造法摒弃自卑

人看不起自己而不愿与人交往，也不愿参与竞争，只想远离人群。因此，他们缺少朋友，甚至自疚、自责、自罪；他们做事缺乏信心，没有自信，优柔寡断，毫无竞争意识，享受不到成功的喜悦和欢乐，因而感到疲惫，心灰意冷。

因此，要消除自卑感，首先就需要我们看到自己的独特之处。每个人都是完全不同的个体，没有任何人是一无是处的。自信是一种认知的开始，透过自我观照，才能了解自己的专长、能力和才华，这样，自信便会不断储备，自卑自然就逐渐消除了。

如果一个人在社会生活中，总是认为自己低人一等，没有价值，那么他就会产生自卑感，做事缺乏信心，没有主动性和积极性，其结果是无论做什么事情都难以保证质量。

攀比像棵毒草，被它侵噬的心永难安宁

生活中，你是否曾经遇到过这样的场景：当你在电梯里遇到领导，好不容易鼓起勇气说："王主任，早上好！"但对方却可能因为没有注意到你而继续与其他人攀谈。此时，你该怎么办？自信者在这种情况下会"厚起脸皮"，重拾信心，主动交往；而自卑者则会敏感多疑，认为对方漠视自己。

其实，对方也许不是在排斥你，而是因为对方的注意力暂时还没转移到你身上，或有其他一些客观原因。此时，你不必气馁，而应该继续积极主动与其交往。

彼得·戈德希密特是华盛顿区的一名律师，一次在《旧金山新闻》上看到一篇对某位名人的采访，于是打电话给该名人，希望能探讨其中一些问题。这位名人当时抽不开身，接下来几次，双方都没有达成约见事宜，而且该名人的态度也很冷淡。但是彼得仍然坚持给他打电话，后来，他们终于在圣地亚哥见了面。从那以后，他们就成了好朋友。

与此相似，演员查克·康纳斯在一次大学返校节游行上看到了他未来的妻子，打了六次电话后，她才最终答应赴约。鲁丝·芭吉未来的丈夫曾经给她打了30次电话后，他们才最终见面。

大多数在社会交往上很成功的人都积极地把别人拉入自己的生活中。他们经常采用的两种最重要的方式就是主动与希望认识的人交谈，向希望作进一步了解的人主动发出邀请。即使受挫，依然愈挫愈勇！这需要我们做到以下几方面。

1. 学会冷静思考

遇事，我们最好要学会把问题交给时间，时间是最好的冷却剂，不妨等几天后看看，究竟是怎么回事；如事情较急，可找比较信任的人问清楚。

2. 学会忍让

这个世界上不存在绝对公平的判决，在很多时候，某项决定可能利于某些人，而对另外一些人可能不利。此时，不妨学会后退一步，"知足者常乐"是很好的调节剂。

3. 改变心境，积极交往

大多数人习惯了在人际交往中充当接受者的角色，习惯了别人投来赞许的目光、送来微笑甚至是发出邀请，而他们遇到的大多数人也同样在等待，结果往往是谁也不认可谁。与这些被动等待的人交谈，常常会听到他们消极地抱怨"事情总是没有什么结果"。其实确切一点，他们应该责备自己为什么一旦受到挫折，受到冷遇，就不再愿意尝试。

毫无疑问，自信是人际交往中最重要的品质之一，只有自己相信自己，才能让他人相信我们。因此，当你在人际交往中受到冷遇时，一定要告诉自己，你其实是个有趣、值得交往的人，并理出自己的优缺点。这本身并不存在疑惑，只是你没意识到而已，当你想清楚这些以后，必能自信起来。

第07章
豁达心胸，
放下仇恨方能救赎自己

有人说，人世万般仇恨，皆源于仇恨者本身，能引导其脱离仇恨的明灯，唯有那颗始终不忘自我救赎的心。如果你不学会原谅，那么，你折磨的不仅是别人，更是你自己。原谅像润滑剂，不仅可以让你的心灵得到释放，还能让紧张的人际关系得到缓解。有时候，原谅对方，也就救赎了自己。

赢在心态

仇恨如火，烧伤别人也灼伤自己

仇恨是人类情感的毒素。我们看到，仇恨所产生的报复在这个世界上随处可见。因为仇恨，有些人剥夺他人的生命；因为仇恨，亲人间反目成仇；因为仇恨，朋友间老死不相往来。仇恨的后果是危害社会，使别人受到伤害，同时自己也受到伤害。仇恨吞噬我们的健康。冤冤相报是我们所不愿看到的。其实，面对他人的伤害、欺骗等行为，如果我们能从对方的角度考虑，便会理解他的处境，从而减轻乃至消除怨恨。

一次，我国著名书法家启功先生在北京参加书法调研活动之余，与同行者游玩，没想到，居然有人问他："我有启功的真迹，你要吗？"启功说："拿来我看看。"那人把条幅递给他。这时，随启功一起来的人问卖字幅的人："你认识启功吗？"那人很自信地说："认识，是我的老师。"

随行者转问启功："启老，你有这个学生吗？"对方刹那间陷于尴尬、恐慌、无地自容之境，哀求道："实在是因为生活困难才出此下策，还望老先生高抬贵手。"启功宽厚地笑道："既然是为生计所迫，仿就仿吧，可不能模仿我的笔迹写反动标语啊！"那人低着头说："不敢！不敢！"说罢，一溜烟地跑了。同来的人说："启老，你怎么让他走了？"启功幽默地说："不让他走，还准备送人家上公安局啊？人家用我的名字，是看得起我。再者，他一定是生活困难缺钱，他要是找我借，我不是也得借给他吗？当年的文徵明、唐寅等人，听说有人仿造他们的书画，不但不加辩驳，甚至还在赝品上题字，使穷朋友多卖几个钱。人家古人都那么大度，我何必那么小家子气呢？"

这里，我们看到了一个老艺术家心灵上的大彻大悟之境，充满着一种"身心无挂碍，随处任方圆"的大气和洒脱。启功的襟怀比之古人，可以说是有过

第07章 豁达心胸,放下仇恨方能救赎自己

之而无不及,他的一番话表达了对穷苦人生活状况的关心,更体现了他的善良。

可见,宽容是一种美德,是对犯错误的人的救赎,也是对自己心灵的升华。不要总是认为对方怎么伤害、得罪了你,给你造成了多少损失,而应该想想这件事值不值得你伤神,想想对方是不是值得你发火。他是故意的还是无心的?平日待你如何?给对方一个机会,就是给自己一个机会。对于一些人,原谅,远远要比惩罚来得有效。也许只是一时的失误,也许只是一闪而过的歪念。人总有犯错误的时候,宽恕他人就是救赎自己!

生活中,与他人交往的过程中,不免会产生许多小摩擦、小误会、小睚眦,对此,如果能转换一下思维,多体谅他人,怨恨的情绪也就能减轻甚至消除了。

化敌为友,用宽恕之心善待对方

现代社会,随着商品经济的发展和生活节奏的加快,在面对烦琐、复杂的人际关系时,在个人利益与其他利益相互冲突时,似乎人们不再那么心平气和了,一些人甚至选择了"人不为己,天诛地灭"这一价值观,心胸变得狭隘,为了一些小事大打出手,污言秽语,道德败坏。当然,这样的人毕竟是少数,但如果换位思考,内心宽广一点,定会化干戈为玉帛,在放过别人的同时,也放过自己,否则,只能陷入仇恨的怪圈之中。

在古希腊神话中有这样一则故事。

一个人行走在马路上,突然看到一个小球挡住了自己前进的路,于是,他便准备踢走这个小球。谁知,这个球居然越踢越大。此人觉得很奇怪,于是继续踢,谁知道,这个球居然不断膨胀,顶天立地,吓得此人畏惧不已。这时,雅典娜女神出现了,告诉他,这个小球叫"仇恨",如果你不去碰它,它会安然无事,如若遇到不断撞击,它就会加剧膨胀,一发而不可收。

这就是仇恨的"球",它并不是生长在路边,而是生长在我们的心中。每

当你为一件小事仇恨时，它就不断膨胀，而当它膨胀到堵塞了心灵的天空时，终会爆炸……

其实，大家都在向往着幸福。我们应该心存感激地生活。仇恨不会让你快乐，无疑，它是你感情上的累赘。你所恨的人，对你曾经造成的伤害也许是无意的，仇恨却使你产生报复的行为，反过来，被报复的对方也会拿起反抗的武器。正所谓冤冤相报何时了，将心比心，知道恨一个人的痛苦，何必要多一个人来痛苦呢？

因此，不要再执拗地将仇恨放在心里，这会让你失去理智。仇恨有什么意义呢？何不放下它，保留一个完美的结局，而非"两败俱伤"。当仇恨在心中化解时，你会发现做人原来是这样轻松惬意，幸福的心情是这样唾手可得，人生是这样美妙神奇。

那么，我们怎样摆脱以牙还牙的想法呢？

1. 学会宽容，懂得忍耐

宽容不仅是给别人机会，更是为自己创造机会。

只有忘记仇恨，宽宏大量，才能与人和睦相处，才会赢得他人的友谊和信任，才会赢得他人的支持和帮助。

2. 转换角度，找出事情良性的一面

每件事情都有两面性，既然有好的一面，也就有坏的一面。人之所以仇恨，就是因为人只看见了坏的一面，如果试着向好的一面看，仇恨也许会消除。

"爱人者，人恒爱之。"仇恨则使人们相互倾轧、相互远离，是让人们相互依存的同盟分裂、瓦解的东西，所以，丢掉仇恨，也就拯救了自己。虽然生活中的很多小事是仇恨的根源，而事实上，只要学会放下，心中就会充满愉悦。与人为善，即与己为善；与人方便，即与己方便，或许你会因此活出自己的新天地。

放下仇恨，专心过好自己的人生

当踏进社会的那一刻，我们就需要与人交往，难免产生摩擦和误会，仇恨也会因此产生，但无论如何，千万要记住，这个世界上还有很多美好的事物，多看事物的美好一面，就会少一分障碍，多一分成功，否则，将永远被挡在通往成功的道路上，直到被打倒。只有忘记仇恨，才能心理平衡，解放自己。

林肯冲破重重阻碍当选美国总统之后，任用了一个能力很强的原先的死对头任部长之职。幕僚和随从都十分不解。

"他是我们的敌人，应该消灭他！"大家愤怒地建议。

"把敌人变成朋友，"林肯解释说，"既消灭了一个敌人，又多得了一个朋友。"

从这里，我们可以看到，真正的成功者不仅拥有杰出的能力和智慧，更有着宽广的胸怀。善于忘记仇恨，是事业成功者的一个特征。那些能忘掉过去不快的人，脚步更轻松，有更多的精力努力前进。

那么，我们怎样才能淡化心中的仇恨呢？

1. 不要"念念不忘"别人的"坏处"，改"仇"为善

把别人的缺点、坏处放在自己心里，其实受折磨的是自己，有些人还会因此产生报复的行为，最终导致自我毁灭。

在人与人之间，许多情况下，所谓"仇人"，其实不过是自己给自己树立的"假想敌"。退一步说，即使是"仇人"，对方心存歉意，诚惶诚恐，你如果能原谅对方或者以德报怨，帮对方一把，就会使对方感念其诚，改"仇"为善。

把"仇人"看做朋友,坚持感情的输送,坚持礼让。如果你这样做了,说明你正在一点点地提高自己,开阔自己。

2. 用快乐淡化仇恨

人生短暂,我们应该做的是好好地享受人生,开心地生活。当仇恨心理出现的时候,我们要做的是多想想生活中快乐的事,用快乐的情绪冲淡仇恨。

专栏作家哈里斯和他的朋友在报摊上买报纸,朋友礼貌地对报贩说了声"谢谢",但报贩却冷口冷脸,没发一言。"这家伙态度很差,是不是?"他们继续前进时哈里斯问道。"他每天都是这样的。"朋友说。"那么你为什么还是对他那么客气?"哈里斯问。朋友答:"为什么我要让他决定我的行为?"

每个人心中都有一把"快乐的钥匙",却常在不知不觉中把它交给别人掌管。我们身处的地方,不论是环境、人、事、物,都很容易影响我们的情绪,可是千万不要忘了,决定快乐的钥匙,只在你自己手中!

其实,你在心里是否原谅别人的错误,对于对方来说并没有多少影响,而对于你来说,则不同,如果你不原谅,选择继续怨恨、纠缠等,那么,痛苦的只有你自己;如果你希望自己的内心得到解脱,那么,你就应该选择原谅。实际上,这是个心理转换的过程,是把自己的心灵从被别人带给你的伤害和不快中解脱出来。

忘记仇恨,才能提升自己,幸福自己。学会宽恕自己、宽恕别人,我们才会活得更加如意、更加幸福。

感恩"仇人",曾经的伤害让我们更强大

中国人常说:人比人,气死人。这话没错。人们似乎已经习惯了拿自己与他人对比,而一比,就会发现,自己事事不如人,在众人面前抬不起头来,这样无疑加重了自己的心理负担。

第07章 豁达心胸，放下仇恨方能救赎自己

现代社会中，人们之所以感到压力大，很多时候是因为无谓的攀比，比吃、比穿、比住……结果最终导致自己崩溃。这就好比自行车轮胎和汽车轮胎，自行车轮胎根本无法承载汽车轮胎所能承载的重量，却逞强好胜，最终被压爆。如果我们注重内心世界的感受，或许能淡化争强好胜的心。

美国街头有一名男子，弹着吉他，为过路的人演唱。有一个中国姑娘路过，很吃惊，问这名男子，这么年轻为什么在街头卖唱。这男子说，自己觉得这样很好，能给大家带来幸福；自己每天过得很充实，不觉得低贱。难道只有金钱可以决定幸福与否吗？

从这件事可以看出，价值不是用金钱与物质衡量的，幸福不是金钱带来的。只有放下对物质的追求，注重精神世界的充盈，才能活出自我，得到真正的幸福。然而，这种好虚荣、要面子的焦虑心理具有一定的普遍性，要调整这种心理状态，我们应该客观地认识自己、认识面子问题，不要对自己提出超出自己实际的期望值。

现代社会中，人们不可能像陶渊明一样，完全做到"隐于市"，但至少可以以正确的心态对待竞争。良性的竞争有助于自我鞭策与激励，充实内在；而恶性的竞争会使人陷入为达目的誓不罢休的境地。诚然，我们少不了竞争对手，但我们绝不可对其恶语相加，甚至大打出手。实际上，人们在被对手贬低的时候，都会有一种反击的心理。你的打击可能是让对手努力的动力。

每个人都不应该故步自封，而应该不断充实、超越自己，但积极不能过了头，不能演变成争强好胜。每个人的目标都应恰到好处，只有切合实际的超越、对比，才会使自己不断进步，才能使自己受益多多，才会让生活充满活力！

缓解怨恨，设身处地为他人着想

现实生活里，大多数人渴望人生丰富多彩，不遗余力地追求理想目标的实现，却不知道淡然地享受人生就是幸福快乐。其实，无论人生目标有多么瑰丽

辉煌,也不能为了"短暂"的拥有而放弃过程里的开心微笑。

人不能改变过去,也不能控制将来,人能控制改变的只是此时此刻的心念、语言和行为。过去和未来的东西都是虚无缥缈的,只有当下此刻才是真实的。因此,一个人,不管生命能否长久,都应该学会体验生命过程的丰富多彩,享受其中的愉快幸福。

一位迟暮之年的富翁,沐浴着冬日的阳光在海边散步。他看到一个渔夫在悠闲地晒着太阳,就问道:"你为什么不打鱼呢?"

"为什么要打鱼呢?"渔夫反问道。

"挣钱买大渔船啊!"

"买大渔船干什么?"

"打很多的鱼,你就可以成为富翁了。"

"成了富翁又能怎么样呢?"

"你就不用打鱼了,可以幸福自在地晒太阳啦!"

"我不正在晒太阳吗?"

富翁哑口无言。

是啊,有时候我们苦苦追求的所谓的幸福与快乐,其实就在眼前,那又为什么不知足呢?很多人,经过多年的打拼和艰苦的奋斗,也许会有所成就。但人的一生就该如此忙碌地拼搏到死吗?其实,享受真正的人生之旅比直到旅程结束时还没有感受到快乐重要得多。

幸福是一种心境,淡泊宁静,不计较得失,不在乎成败。这是一种睿智的生活态度和生活方式。

很多人认为,人的一生,最美好的风景当然是在前方。于是,他们总是马不停蹄地赶路,总是对前方的路满怀期待,实际上,他们总是不断地失望。他们忽略的是:当下的风景也会让人沉醉!

生活在商品经济的大潮里,每个人都要面对物欲横流的红尘世界的诱惑,对欲望的追求加快了我们前进的脚步,总觉得不远处的鲜花和掌声正在向我们招手,不容我们用更多的时间去欣赏周遭的风景。当我们殚精竭虑地攫取了满

第 07 章 豁达心胸，放下仇恨方能救赎自己

怀的鲜花时，当我们白发苍苍时，会发现曾经在路边绽放的小花更加惹人爱怜，然而，我们常常已没有机会再回头去欣赏它的淡雅美丽了。

可见，我们要懂得享受过程，真正让我们满足的也是过程。人的一生也是如此，最美的不是结果，而是人生的旅途。

生命的意义不仅仅在于成就多么伟大的事业，实现崇高的人生目标，或者拥有巨额的财富，也在于淡然地享受人生追求过程中的愉快心情，感受人生过程里那份淡淡的幸福味道。

第08章
看开一点，
紧张不安的情绪自会释怀

有人说："天使之所以会飞，是因为她们把自己看得很轻，人之所以有痛苦烦恼，常常就是因为不能把自己看淡看轻一点。"生活中，很多事不要太刻意强求，要淡然地面对生活。不论生命过程中有多少不如意，一定要找个理由让自己的心情快乐起来，凡事看开一点，从容地微笑才是最重要的。

第08章 看开一点，紧张不安的情绪自会释怀

坦然面对，成败无须过分在意

生活中，很多人因为自己的一些缺点而感到自卑，甚至一蹶不振。他们没发现，如果一个人足够自信的话，这些缺点也是美的。因此，无论何时，我们都要学会对自己微笑，肯定自己，这样才能放松心情。

1942年，霍金在英格兰出生。很难想象，年仅20岁的他患上一种肌肉不断萎缩的怪病，整个身体能够自主活动的部位越来越少，以致最后永远地被固定在轮椅上。可他并没有因此而中断学习和科研，一直以乐观的精神和顽强的毅力攀登着科学的高峰。

霍金毕业于牛津大学，毕业以后，长期从事宇宙基本定律的研究工作。他在所从事的研究领域中，取得了令世人瞩目与震惊的成就。

在一次学术报告会上，一位女记者登上讲坛，提出一个令全场听众感到十分吃惊的问题："霍金先生，疾病已将您永远固定在轮椅上，您不认为命运对您太不公平了吗？"这显然是个触及伤痛难以回答的问题。

顿时，报告厅内鸦雀无声，所有人都注视着霍金，只见霍金头部斜靠着椅背，面带着安详的微笑，用能动的手指敲击着键盘。人们从屏幕上缓慢显示出的文字，看到了这样一段震撼心灵的回答："我的手指还能活动，我的大脑还能思维；我有我终生追求的理想，我有我爱的和爱我的亲人和朋友。"

报告厅里响起了长时间热烈的掌声，那是从人们心底迸发出的敬意和钦佩。

科学巨人霍金向我们证明：即使你满身缺点，你还有可以引以为傲的优点，这些优点一样可以让你自信。对于那些不能改变的外在缺陷，既不要悲伤，也不要失望，而应该庆幸，那些成功的人并非完人，只是因为他们能微笑着面对。为此，你需要做到以下几方面。

1. 发挥自己的长处

人的心里"住"着两种心态：一种是自信，另一种是自卑。人们总是在战胜自卑、建立自信的过程中成长的。人无完人，每个人都有自己的长处和短处，所以你在做事的时候，一定要注意发挥自己的长处，避免自己的短处。如果你总是做不适合你的事情，老拿你的短处与别人的长处比，那你很容易产生自卑感，挫伤自信心。

2. 积极暗示

德国人力资源开发专家斯普林格在其所著的《激励的神话》一书中写道："人生中重要的事情不是感到惬意，而是感到充沛的活力。""强烈的自我激励是成功的先决条件。"所以，学会自我激励，就是要经常在内心告诉自己：我相信自己可以做到。如果你的心被自卑掩埋，那么你就输了。有自信，即使面对逆境，也能泰然自若；自信是力量增长的源泉。

没有人是毫无缺点的，只是在我们的内心，这个缺点的份额大小问题。如果我们将缺点无限制放大，它将会腐蚀我们内心，阻碍我们成功；如果我们能正视缺点，并在心里把缺点限制在一定的范围内，它就会成为我们努力和奋斗的催化剂，助我们成功。

相信自己，小事何必烦恼

人的一生中总会经历不同的坎坷与困难，没有一个人可以保证人生一帆风顺。生活中的小麻烦、小问题总是此起彼伏，我们常常会因为处理这些小问题而烦恼不堪。其实，问题的好坏还在于我们看待它们的眼光，我们若把问题的焦点放在坏的一面，看到的就是满目疮痍；若多看好的一面，看到的就是春光

第08章 看开一点,紧张不安的情绪自会释怀

灿烂。

有一个这样的故事,从前有一个农夫,他有两个水桶,一个是好的,另一个有一条裂缝。农夫每次到河边挑水时,那个完好的水桶总是能把水满满地盛回主人家里,而那有一条裂缝的桶每次回到主人家时都只盛一半的水,这时候,有裂缝的桶就感觉无比痛苦、自卑。

有一天,有裂缝的水桶鼓足了勇气跟主人说:"我为自己每次只盛半桶水而惭愧和自卑。"农夫惊讶地说:"难道你没看到你那边长得茂盛且美丽的花草吗?而另外一边草木不生,你为我在这一路上带来了许多美丽的风景啊!"

这个小故事告诉我们,任何事情都有两面性,我们在为事情的麻烦而烦恼甚至产生坏情绪时,何不转换一下看问题的眼光呢?瑕不掩瑜,没有必要为那些小问题而紧张。

莱利斯·格罗夫斯说:"没有人的一生一帆风顺,任何人都会遭逢厄运。积极的心态和顽强的努力会让你解决任何难题。"

美国联合保险公司董事长克里蒙·史东则说:"真正的成功秘诀是'肯定人生'四个字,如果你能以坚定而乐观的态度去面对一切困难险阻,那么,你一定能从中得到好处。"

生活中的人们,你还在为自己处理不好一件小事而自怨自艾吗?其实这种想法是不对的。对此,你不必苛求自己。人生在世,无论我们做什么事,如果紧紧盯着事情的消极面的话,那么,这将会成为我们愉快生活的障碍。减轻自己的心理负荷,抛开一切得失成败,我们才会获得一份超然和自在,才能享受幸福、成功的人生。

事实上,那些让你痛苦的烦恼都是可以解决的,只要你换个心情、换个角度,看到的就是另外一片风景。所以,在遇到苦难挫折时,不妨把暂时的困难当做黎明前的黑暗。只要以积极的心态去观察、去思考,就会发现,事实远没有想象中的那样糟糕。换个角度去观察,世界会更美。

世界是否美丽,由我们的眼睛决定。悲观地看待世事,凡事想得太绝望,眼中的世界将是一片灰暗;凡事心中乐观,眼中的世界就是一片光明。积极的

心态，能够激发我们自身的聪明才智。一个人如果心态积极，乐观地面对人生，那他就成功了一半。

肯定自己，给自己一个轻松的笑脸

毫无疑问，在生活和工作中，几乎所有人都渴望得到别人的赞赏和肯定。然而，现实是残酷的，尽管我们非常努力，却常常遭遇别人的质疑和诟病。尽管我们恨不得把每一个人都照顾得无比周到，却依然有人在我们背后说三道四。这就是现实与理想之间的差距，无论我们多么努力，我们都无法使所有人满意。当意识到这一点之后，才能坦然地成为最真的自己。

当然，尽管如此，我们依然要尽量使自己在工作和生活中的表现完美一些。尤其是在学习、工作上，我们更是需要用努力和成绩来证明自己的实力。作为学生，每当取得了好成绩，我们就会高兴地向父母汇报；反之，每当听到否定自己的话，我们总是无比沮丧。作为一名职场人士，我们总是希望自己的表现能够得到领导的认可和赞赏；反之，假如我们辛辛苦苦作出的工作得不到肯定，我们就会怀疑自己是否真的如想象般优秀。事实是，我们能够在任何方面任何时候任何人面前都表现得完美无瑕吗？答案是否定的。

正如人们所说的，这个世界上没有绝对完美的人，因此也就注定了这个世界上没有人能够始终表现得绝对完美。很多时候，一味地夸奖和奉承只会使我们沾沾自喜，忘乎所以；而相反，客观公正的评判，则能够使我们更加冷静地认识自己，从而改正自己的缺点，发扬自己的优点，不断进步。与那些始终认为你非常优秀的人比起来，那些不看好你的人反而是更容易征服的。因为那些认为你很优秀的人往往一厢情愿地认为不管什么时候你都会表现得很好，而只有那些不看好你的人，才会在见到你的真正实力之后给予你更加中肯的评价。这样的评价，对于你将是极其难得的。

第08章 看开一点,紧张不安的情绪自会释怀

刚刚进入公司的时候,小娜几乎是同事们茶余饭后的谈资。原来,小娜之所以能够进入这家公司,是因为身为销售部经理的姨夫的举荐。这家公司通常很少雇用刚刚毕业的大学生,因此,对于刚从象牙塔中出来的小娜轻而易举地就进入公司,同事们自然有着很多非议。对此,小娜什么也没有说,只是觉得很委屈,因为她觉得自己完全有能力胜任秘书的工作。姨夫知道小娜的想法后,语重心长地对小娜说:"小娜,你要记住,你是怎么进入公司的并不重要,重要的是你准备如何在公司干下去。也许,现在同事们的流言蜚语很多,但是,只要你能够表现出自己真实的水平和能力,我想,他们终有一天会对你心服口服的。"

听了姨夫的话,小娜心里有底了。她大学所学的专业就是文秘,因此如今的秘书工作对她来说简直是得心应手。在认真做好本职工作的同时,小娜还利用大学业余时间所学的编程软件为公司设计了一个文档管理系统。这样一来,同事们在找文件的时候就不用像以前一样大海捞针了,而只需要在文档中输入内容的关键词,就可以轻松地找到相关的资料。有的时候,有些同事对于文件的处理不是很擅长,小娜还会主动利用下班时间教他们,使大家的工作效率提高了很多。渐渐地,同事们忘记了小娜是如何进入公司的,而且对小娜交口称赞。私底下,他们会由衷地夸奖小娜:"娜娜,如今像你这样脚踏实地的年轻人可是不多了,好好干,你在公司里一定有大有发展的。"

案例中,小娜假如因为遭到同事的非议就自暴自弃,那么就会最终证实同事的质疑是真的。幸好有姨夫的及时开导,小娜才能冷静理智地面对同事的怀疑,最终证实了自己的真正能力。也正因为之前对于小娜的否定,同事在见识了小娜的真正实力之后,才会更加发自内心地认可小娜。

相信,小娜身上发生的情况在很多朋友身上都曾经上演过。记住,这个时候最重要的不是分辩,也不是放弃自己,而是用实力说话,让别人的否定变成肯定。正是因为有了之前的否定,那些否定你的人才会更加发自内心地肯定你、认可你。因此,千万不要排斥别人的否定,那恰恰给了你更好地证明自己的机会。

赢在心态

那些失败的人，大多数是半途而废

每个人都渴望成功，每个人都希望能够在人生的舞台上展示自己，然而，成功却并非唾手可得。在通往成功的路上，无数人倒下了，只有极少数的人能够一往无前，最终摘得成功的桂冠。那么，那些倒下的人的确不如这些最终获得成功的人吗？事实并非如此。其实，那些倒下的人之中，也许有的人实力更强，而和成功者比起来，他们缺乏的只是坚持到底的精神。纵观那些成功人士的历史，我们会发现，大凡成功人士都有一个共同点，就是即使遇到再大的艰难险阻，他们也从不轻易放弃。而那些失败的人，则大多数是半途而废的人。

人是群居动物，几乎每个人都生活在别人的评价之中。除了自己对自己缺乏信心而导致的放弃之外，很多人之所以失败，是因为他们在别人的否定之中放弃了自己。在做一件事情的时候，我们难免会被别人评价。这些人也许是我们的家人，也许是我们的朋友、同学、同事，也许是我们亲密无间的爱人，当然，也有可能是素不相识的路人。生活中，很多人做事情有着自己的主见，只要自己认准的事情，不管别人说什么，也不管遇到多少困难和阻碍，他们都能一如既往地坚持。而有些人呢？是我们俗称的"棉花耳朵"。他们非常在意别人对他的评价，别人说他一句好话，他会为此兴奋好几天。相反，别人一句不经意的否定的话，就会使他感到非常沮丧，甚至陷入绝望。无疑，第一种人更容易获得成功，而第二种人则总是在人生之中上演着半途而废的悲剧。

我们需要明白的一个道理是，每一个人都是为自己而活的，而不是为别人。尽管我们要做到从谏如流，但是，我们同时也应该有自己的主见，也要学会坚持。只有坚持不懈，才可能不放弃自己，才有可能离成功之巅越来越近。

高中毕业后，李华名落孙山。面对亲人们无限惋惜的眼神和邻居们在背后

第 08 章　看开一点，紧张不安的情绪自会释怀

的指指点点，他毅然拒绝了父母让他再复读一年的要求。一则，他的父母都是老实巴交的农民，无力负担复读的费用；二则，李华想用另外一种方式证明自己，告诉所有人，即使不上大学，也一样能拥有成功的人生。

恰逢村里的大山要对外承包，在父母的强烈反对声中，李华毫不犹豫地开始了竞标。毕竟李华是高中毕业生，他的思路比那些从小就和土地打交道的地地道道的农民比起来，无疑开阔了很多。听着李华经过调研精心写出来的报告，村里的领导不由得耳目一新。在李华的讲述中，他们似乎看到了村里未来的发展远景。就这样，村里以很优惠的条件把大山承包给了李华。从此，李华开始了面朝黄土背朝天的生活。

看着从小没有下过地的儿子如今整日在大山里挖坑种果树，李华的父母也很心疼。他们加入了李华的队伍，和儿子一起挖坑种果树。也许是现实和理想之间有着太大的差距，第一年，李华种的果树大部分没有成活。看着买树苗的钱都打了水漂，很多人都劝李华不要再投入了，因为大山上都是石头，根本不可能养活果树。对此，李华却坚定不移。他相信，自己一定能够把荒山变成聚宝盆。后来，李华研究了很多果树的品性，并且还研究了大山的土质特点，最终决定种栗子树。而且，他还准备进行生态养殖，即山上种栗子树、养野猪，山下养野鸡。就这样，几年过去了，李华把自己所有的心血和汗水都投到山上。渐渐地，山青了，水绿了，一片生机盎然。接着农家乐开始走入人们的视野，李华把自己几年来辛苦赚到的钱都投资建造了一片农家院，租给那些来山里度假的城里人。李华不仅自己富裕起来了，还从村里雇用了很多赋闲的小伙子、大姑娘，让他们到自己的农家乐工作。

高考落榜之后，假如李华一蹶不振，那么等待他的将是截然不同的命运。值得庆幸的是，李华是一个很有想法的人。面对别人的同情和质疑，他毫不犹豫地走起了自己的路。事实证明，他丝毫不逊色于那些考上大学的昔日同学，他的人生必将有一片别样的风景。

生活中，也许每个人对于成功都有着不同的定义，也许每个人的成功都有不一样的风采，然而，对于所有成功的人而言，他们的共同点是坚持，不放弃。

即使前方的道路再怎么坎坷和曲折，他们也能够坦然面对一切困难，坚定不移地走下去。如果你能够做到这一点，那么，你也能够获得成功。

人生路途上，学会欣赏沿途风景

常言道，没有人会去踢一只死狗。这句话的意思是说，当你遭受别人的恶意攻击或者是批评的时候，恰恰证明了实力。还有一句话是很多人都知道的，那就是"看一个人的底牌，看他的朋友；看一个人的实力，看他的敌人"。从某种意义上说，你的敌人往往代表了你水平的高低。同样的道理，如果你受到别人不公正的批评，那么恰恰说明这个人是把你当成对手的，是值得他认真慎重地对待的。

对于心理强大的人来说，遭遇批评并不是可怕的事情。遭到的批评越多，尤其是那些图谋不轨的不公正的批评，就意味着你被很多人视为真正的对手，这也就从侧面证实了你的实力。所以，面对那些不公正的批评，我们首先要做的不是抱怨，不是满腹牢骚，而是应该坦然面对，抓住机会展示自己的真实能力和水平。

罗博霍金斯年轻的时候家境很普通，因为父母无法负担高昂的学费，在耶鲁大学学习期间，他始终半工半读，最终坚持到毕业。走出校门之后，他从事过很多工作，比如伐木工人、作家、服装店的售货员和家庭教师等。虽然这些工作所赚的薪水足够维持生活了，但是他却始终不甘心。为此，他一边工作养家，一边勤奋学习，给自己树立了远大的人生理想。

经过坚持不懈的努力，终于，30岁那年，他如愿以偿地成为了芝加哥大学校长。要知道，在美国教育界，从来没有人这么年轻就能够成为著名大学的校长。因此，面对罗博霍金斯的一步登天，教育界的前辈们无一例外地提出质疑，并且十分担忧芝加哥大学的发展前景。

对于年轻的罗博霍金斯而言，教育界的各位前辈对他的质疑和批评无疑是沉重的打击。在这些教育界前辈的号召和影响之下，美国的各大报纸也加入了

第08章　看开一点，紧张不安的情绪自会释怀

讨伐的战团，联合起来要求芝加哥大学教授会议慎重考虑任命的问题。毫无疑问，外界的质疑和批评严重影响了霍金斯的心情。在刚刚走马上任期间，他特别抑郁，甚至对自己的能力产生了怀疑，动起了辞职的念头。

得知罗博霍金斯的想法后，他的父亲决定与他进行长谈。听着罗博霍金斯对教育界前辈和媒体的满腹抱怨，父亲语重心长地说："孩子，你说的这些我都知道。不过，我认为这是好事情，因为这只能证明你是一个有能力的人，所以才会引起人们的争议。你想想，那些在生活和工作中默默无闻的人，如何能够引起别人的批评和非议呢？！也许，他们还想让人们大肆批评和议论呢！"

父亲的话使罗博霍金斯茅塞顿开。从此以后，他再也不在乎外界的不公正的批评，而是一心一意地投入芝加哥大学校长的工作中，最终，他不仅做出了一番成绩，还得到了那些曾经质疑他的教育界前辈和新闻界人士的广泛认可。那些曾经批评和质疑他的人，现在无一不对他表示钦佩。

案例中的罗博霍金斯面对不公正的批评，最终在父亲的建议下采取了正确的做法。试想，假如他当初一时意气用事而放弃了芝加哥校长的职位，那么无疑就印证了那些人对他的怀疑。如此一来，无端的怀疑、不公正的批评就会成为理所当然的。幸运的是，他的父亲改变了他的想法，使他认识到自己最应该做的是什么。虽然未必人人都会遭遇社会各界的关注，然而，作为普通人，我们也会有自己的烦恼，也会有遭遇质疑和不公正批评的时候。在这种情况下，我们应该和罗博霍金斯一样勇敢地展现自己，证实自己。

人生中有太多的不如意，也有太多的不公平。尽管我们数百年来都在追求人应该生而平等，事实却是这个世界上根本没有绝对的公平和平等。既然如此，我们为什么没有勇气面对不公正的批评呢？很多时候，越是逆境越容易造就人才，越是坎坷的人生越能够走向成功。勇敢起来吧，面对人生的流言蜚语，面对人生的种种不平际遇，面对那些各怀心思的不公正的批评，只有强大自己，展示自己真正的实力，我们才能够成为强者，成为笑到最后的人。要知道，不公平的批评往往是一种掩饰过的赞美。既然我们无法阻止别人说什么，那我们就应该坦然面对，用我们的实力展示自己，堵住别人发出非议的嘴巴。

第09章
坚持信念，
信念具有无坚不摧的力量

这个世界有那么多的诱惑，只有保持自己独特的信念，你才不会迷茫。成熟的人懂得哪些是自己应该坚持的，对于成功他们总是有自己的一套想法，从来不会被繁华和诱惑俘虏，因此无论是否成功，他们总是最阳光、最乐观的人。只要有思路，相信命运掌握在自己手里，并为此拼搏，那么是否成功，以及怎样看待成功就不再是一个问题，而是一个答案，一种信念。成熟的人坚持自己的信念，因为坚持，所以更成功。

第09章 坚持信念，信念具有无坚不摧的力量

清晰的人生思路，比现实的出路更重要

挫折对于每个年轻人来说，都是必经的阶段，在30岁以前经历挫折，总比在30岁以后摔跤要好得多，要知道人的年龄越大就越不经摔。人们常常说"小孩子要摔一百个跤才能长大"，我们不妨把平日里自己遭到的打击当成人生必需的一种历程，遭受一次挫折，吸取一次教训，挫折受够了，成功也就到来了。

能够为自己加油喝彩，无论是取得成就还是遭受挫折都会自我鼓励和自我安慰的人，是最乐观的，这样的人能够最快地从逆境中爬起来，最快地吸收经验，最快地成长。成熟的人知道必须自己爬起来，擦干眼泪，才能够更快地成长。

跌倒之后哭泣并不能改变什么，但能够宣泄自己的不良情绪，学会宣泄也是一种成熟。如果对于年轻人来说，立刻站起来真的是强人所难，那么不妨哭一哭。每个人的人生都有低谷，遭到打击时任何人都不可能高兴，我们要做的有以下几个方面。

第一，把自己的情绪宣泄出去，无论是伤心、愤怒、失望，还是消沉，把这些讲给你最亲近的人听。甚至是找个隐秘的地方大哭一场，或者找个不介意自己脾气的人发泄一通。只有懂得合理发泄的人才不会真正受伤，因为发泄是一种自我保护。玻璃为什么容易碎？因为它总是自己承受力量；皮球为什么总是那么坚韧，因为它会把受到的力传给地面。

第二，当你觉得宣泄完了不良情绪、心中空空的时候，找点儿令自己高兴的事来做，或者冷静下来，思考一下自己到底犯了什么样的致命错误。人不会无缘无故受挫，只有违背了规律的时候，无论是自然规律还是社会规律，你才会受挫，遭受打击。总结经验对一个人来说是必需的，因为只有从打击中获得经验的人，才能够不断进步，才有能力迎接更大的挑战，才会在以后的工作中少遭遇挫折。

第三,为自己加油鼓劲儿,一个人跌倒后能不能站起来,取决于他自己的愿望。所以,无论有多少人鼓励你,你都必须首先从内心深处鼓励自己,给自己加油打气,这样才能振作起来。阳光乐观的心态对于每一个年轻人都是至关重要的,把挫折当成一种必不可少的人生经历,才能够真正成熟起来。

无论遭受多少打击,一个人都必须再站起来才能实现自己的价值,不同的是,有的人站起来了,却因为害怕再次遭受打击而止步不前了;而有的人,虽然同样害怕痛苦,害怕打击,但是他们能够自我激励,他们相信自己是绝对不会被打倒、被打败、被打碎的。就算在这里跌倒了,他们会迅速爬起来,最终走向卓越。

曾经听过一个故事:一个农民,只读了两年初中,17岁就辍学回家照顾家人。20世纪80年代农田承包到户,他想把一块水洼地挖成池塘养鱼,但村干部告诉他水田不能养鱼只能种庄稼,他只好又把水塘填平。在别人眼里这成了一个想发财但是非常愚蠢的笑话。后来听说养鸡能赚钱,他借了500元钱养起了鸡,但一场洪水后,鸡得了瘟疫,几天内全死光了,当时的500元就像个天文数字,她的母亲竟然受不了这个刺激忧郁而死。他后来酿过酒,捕过鱼,但没有一样成功。35岁的时候,他还想再搏一搏,就四处借钱买了一辆手扶拖拉机。不料,上路不到半个月,这辆拖拉机就载着他冲入一条河里。他断了一条腿,成了瘸子。而那拖拉机,被人捞起来,已经支离破碎,他只能拆开它,当作废铁卖掉。

几乎所有人都说他这辈子算完了,可是后来他却成了那个城市一家公司的老总,手中有两亿元的资产。很多媒体采访过他,很多记者带着不解问他:"在苦难的日子里,你凭什么一次又一次毫不退缩?"

他坐在宽大豪华的老板台后面,喝完了手里的一杯水。然后,他把玻璃杯子握在手里,反问记者:"如果我松手,这只杯子会怎样?"

记者说:"摔在地上,碎了。"

"那我们试试看。"他说。

他手一松,杯子掉到地上发出清脆的声音,但并没有破碎,而是完好无损。他说:"即使有十个人在场,他们都会认为这只杯子必碎无疑。但是,这只杯

第09章 坚持信念，信念具有无坚不摧的力量

子不是普通的玻璃杯，它是用玻璃钢制作的。"

这样一个自诩为玻璃钢的男人，是不会因任何打击而粉碎掉的。年轻人不是有着比他更好的条件，不应该比他有着更坚强的意志？有着更乐观的精神？我们不可能被击败，打败我们的只能是我们自己。无论何时，用阳光的心态来自我激励、自我安慰吧，乐观和成功的信念将会驱散一切生活中的阴霾。

做好职业规划定位，让奋斗的路更有方向

世间万物都有一个平衡点，事物之间也有平衡点，或称临界点。临界点之左之右都不恰好，你能找到最佳的临界点吗？取舍之间就有这样的临界点，或者也叫平衡点。有时候取舍只在一念之间，悲喜也只在一念之间。

大部分人总是容易陷入一个怪圈：这山望着那山高。其实，你认为最好的东西是否一定适合你呢？你找到那个最适合你的、最能平衡你生活的临界点了吗？可爱的人们，从现在开始，每天对着镜子，告诉自己，身边的爱人是你今生最完美的伴侣，目前已经选择的工作是你最喜欢的工作吧！只有放下"那山"的风景，内心才能平衡，心灵才能宁静，心情才能舒畅，也才能真正感受到"这山"的关爱，感受到坦然与洒脱。

取舍间的智慧全在一个"悟"字。佛家常常说一个人有"悟性"，说的便是一个人懂得取舍的智慧，知道何为可取之物，知道何为必舍之事，取舍之间，如蜻蜓点水，却恰到好处。一念之间，却把世事想透，不多取一分，也不胡乱舍弃。聪慧如此，必然幸福满怀，于是就常听人们说某人好福气，却忘了自己其实也可以有这样的"福气"，只是曾几何时，没有掌握好取舍间的尺度与智慧，最终只能艳羡他人。

如今尘世中的人们，大多"终朝只恨聚无多"，做什么都想赢，做什么都不肯舍弃一分一毫。纵观社会，横看人生，既有撑死、饿死、穷死，也有富死、

能死,甚至有窝囊死的;有人因祸得福,有人因福得祸,等等,不胜枚举。何时该取,何时该舍?这个平衡点真是很难掌握,而天下也没有放之四海而皆准的真理,我们能做的,就是根据此时、此地、此情、此景去综合权衡利弊得失。只要分析出利大于弊,即可作出取舍;而妄求只有利益,没有弊处,这就永远选不对,心里永远不平衡。欲求太多的人,最不懂取舍间的玲珑智慧。

某地乡村有一对清贫的老夫妇,有一天他们想把家中唯一值点钱的一匹马拉到市场上去换点更有用的东西。老头牵着马去赶集了,他先与人换得一头母牛,又用母牛去换了一只羊,再用羊换来一只肥鹅,又把鹅换了母鸡,最后用母鸡换了别人的一大袋烂苹果。但在每次交换中,他都想给老伴一个惊喜。

当他扛着大袋子来到一家小酒店歇息时,遇上两个英国人。闲聊中他谈了自己赶集的经过,两个英国人听得哈哈大笑,说他回去准得挨老婆子一顿揍。老头子坚称绝对不会,英国人就用一袋金币打赌,于是三人一起回到老头子家中。老太婆见老头子回来了,非常高兴,她兴奋地听着老头子讲赶集的经过。每听到老头子讲到用一种东西换了另一种东西时,她都充满了对老头的钦佩。最后听到老头子背回一袋已经开始腐烂的苹果时,她同样不愠不恼,大声说:"我们今晚就可以吃到苹果馅饼了!"结果,那两个英国人输掉了一袋金币。

取舍间的好心态就在于此,发现平衡点,果断地抉择,然后在这个平衡点之上,把握平衡点,去轻松地感受取舍之后的快乐与美好。拥有取舍之间好心态的女人,脸上总是充满阳光般暖暖的笑意,她们对生活没有抱怨,没有哀叹,她们举重若轻,不奢求一分,也不会委屈自己。

当然,也总有一些人,他们永不满足,将快乐建立在与人不断的搏斗争夺之中,将目标不断地往远处推移。这种人快乐可能少,但成就可能大。其实,是苦是乐全在个人,每个人的渴求不同,每个人的快乐源泉也不同,了解自己,取舍亦符合自己的内心满足,便能快乐,亦拥有了取舍间的好心态。正如不爱珠宝的人,即使置身虚荣浮华之境,也无伤自尊;拥有万卷藏书的穷书生,对股票或钻石并没多大兴趣;满足于田园生活的清雅之人,从不羡慕任何荣誉头衔或高官厚禄……爱好即方向,兴趣即资本,性情即命运。而这一切的一切都

第09章 坚持信念，信念具有无坚不摧的力量

来源于什么呢？来源于一个好心态。睁开眼睛，仔细地去观察，你会发现，每一个聪明的人，都有一个好心态，淡泊宁静不争不抢，只轻悠悠品尝自己心底最爱喝的那口茶。

什么样的人生最成功？没有定论，全看个人。非要一味概之，就落入愚蠢的窠臼。完全照搬那些看似风光的人的经验与路径，最终只会"舍"错人、"舍"错事，最后取得的人生，貌似自己曾经所羡慕和企求的，却无论怎样都快乐不起来，只有满怀的懊恼，甚至可笑。如果一定要给成功人士的人生下一个定义，给一个框架，那便是，当一切尘埃落定，内心充盈，感觉到实实在在的幸福，而无视外界的眼光。

取舍的好心态在于取舍之际，要跟随个人的理想，不要随波逐流，不要人云亦云，找到自己的平衡点和自己的临界点。

面对喧嚣尘世，要坚持自己的信念

年轻人总喜欢说"是金子在哪里都会发光"，可是也要承认，大多数的年轻人都不是自以为是的"金子"。金子生来就具有某种天赋，它难以切割，数量稀少，所以成为价值的代替品。大多数的年轻人并不是生下来就具有某种天赋，不过大多数人通过自己的勤奋，都可以发挥出最大的能量。这点倒像一些种子，只要有合适的土壤，它们就能够生根发芽，成长为有价值的东西。

一个人如果总抱着"是金子在哪里都会发光"的心态，就难免会骄傲自大，不屑于那些平凡的工作，总是抱怨没有伯乐来赏识自己这匹"千里马"，总是觉得自己怀才不遇，壮志难酬，渐渐地就会变得消沉，这时候就算你真的是一块金子，也会蒙尘，不被人发现和重视了。现在一部分年轻人往往心高气傲，总有一种优越感，而且越是学历高、学习成绩好的那部分年轻人往往越是骄傲。其实，目前，不用说受过高等教育的人越来越多，就算是海归也随处都能碰到，

过去所受到的教育已经不能代表什么。

就业就像把一盘原本下到输赢已定的棋局一把搅散，重新开局。这个时候，决定胜负的并不是你原来取得的成绩，而是你以后需要做出的努力。

你的家庭的社会地位，你的原本成绩可能在就业的路上会起到一定的作用，但它们的作用都是有限的，最终如何还是取决于自己的努力。把自己当成一块等待发现的金子，等于把自己的命运交到了别人的手里，把自己的前途寄托于一双能够发现你的眼睛。秉持这样的心态，你觉得前途可靠吗？

我倒希望年轻人能够安下心来，把自己当成一粒未萌芽的种子，无论是饱满还是干瘪，只要有适合自己的土壤就能够长得枝繁叶茂。著名科学家、"杂交水稻之父"袁隆平有一句名言："人就像一粒种子，健康的种子，身体、精神、情感都要健康。我愿做一粒健康的种子！"金子有再多的光芒，价值终究有限，而健康的种子则代表了无限发展的可能。这个世界上不可能到处是金子，然而每个人都能通过自身的努力当好一颗能够生根发芽、为这个世界增添价值的种子。

金子的高明在于它的天赋，种子的高明在于它的潜力。金子之所以有价值，之所以昂贵，完全是它的自身条件决定的。金子承担的是交换价值的角色，正因为它自然储量少，体积小，密度高，难分割，才能够担当交换价值这一角色。这就像某些天才，因为天生拥有异于常人的禀赋，比如对数字或者语言，或者对其他方面有非常高的敏感度，最终成为天才。这个世界上天才毕竟是少数，即使天才也需要勤奋努力，才能取得成就。

我记得微软公司曾有一个非常有名的应聘故事，说一个人学历并不高，心血来潮之下去微软应聘，人事部主管问了他几个有关软件方面的问题，这个应聘者对此一无所知，人事部主管摇了摇头。第二天，他又去应聘，回答了昨天的几个问题，这次，人事部主管同样又问了几个更深层级的问题，他又无法回答，不过第三天他又来了，回答了这几个问题。如此反复几次，人事部主管觉得非常奇怪，问他为什么不现场回答问题呢，他说自己对这些并不熟悉，都是临时学习的。微软公司最后通过决议，决定录取这个应聘者，理由是"IT业是

第09章 坚持信念，信念具有无坚不摧的力量

一个变化非常迅速的行业，需要非常强的学习能力，而这个人的学习能力很强，他的潜力是无限的"。

作为年轻人，谁都无法确定自己是不是一个天才，可是只要足够用心，你会发现自己的潜力是无限的。

种子心态比金子更重要：通用汽车公司的一位人力资源负责人曾经这样说："我们在分析应征者能不能适合某项工作时，经常要关注他对目前工作的态度。如果他认为自己的工作很重要，对工作很认真负责，就会给我们留下很深的印象。即使他对目前的工作不满意也没有关系。为什么呢？因为如果他认为目前的工作很重要，那他对下一份工作也会抱着认真负责的态度。我们发现，一个人的工作态度跟他的工作效率有很密切的关系。"

如果一个年轻人对环境、薪金等不满意的工作都十分负责任，没有丝毫马虎，那么对于各方面都满意的工作，他就会更加用心。这就是种子心态，"无论环境好不好，土壤是否适宜，我都要发芽，都要茁壮地成长，这就是我的价值所在"。如果年轻人都抱着这种态度做事的话，那么我相信很快就能被生命中的伯乐发现，实现自己的价值。

屡战屡败，也要屡败屡战

你的身边是否经常有人天天抱怨，抱怨假使当初选择那个人，今日就不用为柴米油盐而烦忧？是否经常有人懊恼，责怪自己入错行，不然如今就能年薪多少？是否还有人整日愁眉苦脸，纠结于自己不错的条件，却要苦哈哈地拼搏于世？人是感性的动物，喜欢倾诉，而倾诉得多了，就难免成了怨妇。觉得自己日子不好过，觉得自己选错了，种种不满，种种不如意，本来很小的事情，越怨念，越放大。于是恶性循环，越抱怨，不顺心的事情就好像越多，最后就成了彻彻底底失败的人生。

这种人就是犯了取舍的大忌——后悔。取舍之后，就要不后悔，不埋怨。这才是正确的良好的心态，才能营造更好的生活氛围。心态是一种力量。著名科学家、企业家诺贝尔曾这样说："有时决定你成功或者失败的，往往是你的心态。"美国成功学院也对1000名世界成功人士的生平做了研究，结果发现：积极的心态决定成功的85％！由此可以知道，任何事物都有积极的一面和消极的一面，人生的关键就在于你的心态是积极的还是消极的。倘若积极，看到的就是乐观、进步与向上，紧接着人生、工作、人际关系及周围的一切就会往成功向上的轨迹走；反之，倘若是消极的，看到的只是悲观、失望与灰暗，而人生也就真的乐观不起来了。所以，取舍之后绝不能后悔。

甲、乙、丙、丁是四个最幸运的年轻人，他们得到上帝的垂青，可以搭上"愿望列车"，去选择自己的将来。"愿望列车"有四个停靠站，分别是金钱站、亲情站、权力站、健康站。甲、乙、丙、丁可以选择在任何一个车站下车。他们选择了哪个停靠站，经过努力后，在这方面的发展会特别顺利和成功，而其他方面则会相应地受挫一些。

于是，四个人带着自己的追求作出了自己的选择。甲在"金钱站"下了车，乙在"亲情站"下了车，丙在"权力站"下了车，丁在"健康站"下了车。

三十年过去了，甲、乙、丙、丁四人不约而同地来找上帝倾诉。

甲说："谢谢上帝，我现在非常有钱，富可敌国。可是年轻时为了挣钱，我透支了青春，现在身体总有这样那样的毛病。我觉得很不幸，能否用我的钱把'健康'买回来？"

乙说："我很幸福，有一个和谐美满的家庭。可我的烦恼也挺多……我能用亲情换些金钱和权力吗？让家人更加幸福。"

丙说："我有许多权力，人家当面说的是赞美、讨好的话，背后却是恶语谩骂。别人请吃饭，不去不行，因为他们说你有点权力就摆谱。坚持原则办事，亲戚说你六亲不认……我多想有健康和亲情呀！"

丁说："我身体健康，从没有去过医院。可我的妻子却说我不求上进，像一头猪一样活着，永远也过不上开私家车、住别墅的日子。为此，我常常烦恼。

第09章 坚持信念，信念具有无坚不摧的力量

我能不能用我的健康换些钱和权力来呢？"

上帝看了看四位，指了指天空自由飞翔的小鸟，又指了指笼中欢快跳跃的小鸟说："人其实就像小鸟，天空小鸟的快乐，在于它选择了自由；笼中小鸟的快乐，在于它可以轻松安逸地待在笼子里。快乐源于选择，快乐源于如何看待自己的选择。后悔是没有用的，后悔是伴着选择的。"

是的，人生就是如此，快乐源于如何看待自己的取舍，后悔是没有用的。你有什么样的取舍，也就拥有什么样的人生。那些幸福的人之所以幸福，不是因为他们选择了多风光的事业或选择了多有钱的伴侣，而在于他们取舍之后不后悔。聪明的人总是放平心态，作出最适合自己的取舍，之后就一刻也没有为自己曾经的取舍而后悔。

常言道，一分耕耘，一分收获。怎样的付出，就有怎样的收获，"天上掉馅饼"的事情从来不会降临到心存侥幸的人身上。凡是取舍之后又后悔的人，都是选择了却又不珍惜，不为自己的选择而努力，以为可以一劳永逸。殊不知，取舍只是一切的开始，真正的路还在后面。任何选择，都只有付出艰辛的努力，才能获得成功，才能功德圆满。人啊，你想收获吗？一定要有起码的付出。这个世界有它不公平的地方，每个人的出身就伴随着不平等，你也许不够漂亮，也许家境不够富裕，也许天资不够聪颖……然而这个世界又存在公平之处，只要你在面临人生的机会与选择时，作出正确的取舍，并为之付出努力，那么幸福就会降临。

取舍之后不后悔，是聪明人需要时刻提醒自己的座右铭，更是一个好心态。要知道，后悔是对自己当初取舍的不负责。抱着一颗不负责的心，如何能把事情做好呢？要想成功，就要把希望放在明天，把计划放在今天，把行动放在现在。取舍了，就义无反顾，克服所有畏难情绪，毫不犹豫，拿出行动，扎扎实实地去做好每一件事。不要抱怨，不要懊恼，不要诉苦，没有人喜欢听一个怨妇倾倒情绪垃圾，没有人有义务做你的心理垃圾桶。而对于你自己，抱怨只会让生活更难过，完全于事无补。只有放平心态，勇往直前，心中的慌乱才会得以平静，才能拼出成功的魔方。最终，你会发现，当初的决定是多么正确！

希望的种子，总有一天会长成苍天大树

著名作家贾平凹说："舍与得实在是一种哲学，也是一种艺术。"

人活一世，生不带来，死不带去，却平白中产生了很多不愿舍弃的东西。诸如"难舍""割舍""舍不得"等词汇，都体现了我们面对舍弃时的痛苦和无奈。然而生活的经验告诉我们，倘若不舍弃一些东西，势必造成生活的负累。当我们面临难以舍弃的抉择瞬间，勇敢与果断就成了一个难得品质，勇于舍弃既是一种本事，也是一种现实需要，而善于舍弃更是一种处世艺术。掌握这种艺术的关键，在于是否拥有一颗知足心，有了知足心，就早早明白自己的底线在哪里，就明白舍与得是必然的，与其逃避，不如静默相处。得所能得，舍所能舍，得所必得，舍所必舍，这是一种认识、一种清醒，是一股勇气、一定魄力，全因为有一颗知足心。

该舍弃时就舍弃，特别是当你已经明知不舍只会让痛苦扩大，不舍只会拖延青春，不舍只能味同鸡肋，此时此刻，更没有抓牢不放的理由。舍弃是一种睿智，舍弃得好，可以放飞我们的心灵，可以还原我们的本性，真实地享受到惬意人生；舍弃是一种选择，没有明智的舍弃就没有辉煌的获得。舍弃的艺术，在于进退从容之间积极乐观的态度，在于前行路上不奢求不贪婪的知足心，有这样的态度与心态，就必然会迎来光辉的明天。

舍弃不是闭着眼睛抓阄过人生，也不是知难而退故步自封，舍弃其实是一种欲扬先抑，退一步来寻求主动、积极进取的心态。很多人不惜一切代价来求取成功，可失败依旧不可避免，希望越大，失望越大。倘若我们优雅处之，就能从平衡中得到平安，从经验中获得成长。松开握紧的拳头，去感受自在与活力。

俄国大文豪列夫·托尔斯泰写过一则短篇故事：有个农夫，每天早出晚归

第09章 坚持信念，信念具有无坚不摧的力量

地耕种一小片贫瘠的土地，但收成很少。一位天使可怜农夫的境遇，就对农夫说，只要他能不断往前跑，他跑过的所有地方，不管多大，那些土地就全部归他。

于是，农夫兴奋地向前跑，一直跑，一直不停地跑！跑累了，想停下来休息，然而，一想到家里的妻子和儿女都需要更大的土地来耕作、来赚钱啊！所以，他又拼命地再往前跑！真的累了，农夫上气不接下气，实在跑不动了！可是，农夫又想到将来年纪大，可能乏人照顾，需要钱，就再打起精神，不顾气喘不已的身子，再奋力向前跑！最后，他体力不支，"咚"地倒躺在地上，死了！

对于人而言，工作不是生活的全部，事业有成更不是职业选择的唯一标准。舍弃既是一种处世哲学，也是一种做人做事的艺术。舍弃就充满在我们的琐碎生活中，日日上演或成功或失败的故事。刚者则柔不足，柔者则刚不足，勇者必戾，智者必诈，世间万物，芸芸众生，从来没有绝对的优点，也没有绝对的缺点，舍弃必然伴随着痛苦，何谓"割舍"，说的就是舍弃之时的疼痛。然而没有舍弃，就没有获得，我们能做的，不是逃避舍弃，而是如何舍弃得更艺术，舍弃得更优雅。聪明的人，因为有一颗知足心，懂得舍弃的艺术，反而拥有了更多幸福。

舍弃是一门哲学，舍弃更是一种本事。没有能力的人、没有通悟的人，往往不会舍弃或者胡乱舍弃。舍弃的艺术，说起来容易，做起来却很难。史学家范晔说：天下皆知取之为取，而不知予之为取。如今太多人就是不知如何取舍，什么都不舍得放下，把握不住得失间的转化，只看眼前利益。拥有知足之心的人，掌握了舍弃的艺术，不急躁，不短视，不虚浮，不回避舍弃，即便内心有万般煎熬，舍弃时也是波澜不惊，舍弃后就知足常乐，这种舍弃最有境界，也最易获取幸福与尊敬。

有一天，几位学生怂恿苏格拉底去热闹的集市逛一逛。他们七嘴八舌地说："集市里的东西可多了，有很多好听的、好看的和好玩的，有数不清的新鲜玩意儿，衣、食、住、行各方面的东西应有尽有。您如果去了，一定会满载而归。"苏格拉底想了想，同意了学生们的建议，决定去看一看。

第二天，苏格拉底一进课堂，学生们立刻围了上来，热情地请他讲一讲集

市之行的收获。他看着大家,停顿了一下说:"此行我的确有一个很大的收获,就是发现这个世界上原来有那么多我并不需要的东西。"随后,苏格拉底说了这样的话:"当我们为奢侈的生活而疲于奔波的时候,幸福的生活已经离我们越来越远了。幸福的生活往往很简单,比如最好的房间,就是必需的物品一个也不少,没用的物品一个也不多。做人要知足,做事要知不足。"

舍弃是艰难的选择,舍弃是勇敢的承担,是一种忍耐,是一种智慧,更是一种艺术。《左传》中有这样一句话:"君以此始,则必以此终。"也就是说,你舍弃了一样,选择了另一样,就必须要承担你的舍弃与选择所带来的连锁反应。但是很多人,偏偏没有这样的心态,无论拥有多少财富,还是不知足,不舍弃,每日追逐名利,虚荣肤浅,却不知自己真正想要的是什么。

拥有一颗知足之心,才能平心静气,才能掌握舍弃的艺术,之后才能睿智地审视自己的人生,才能做一个聪慧优雅的人。

第10章
人生漫漫，勇敢地走心中向往的路

很多时候，我们都对自己没有信心，我们总是渴望能够得到别人的肯定和赞赏。殊不知，生活并不是为了别人而活着，我们应该相信自己。而且，尽管肯定能够满足我们的虚荣心和自尊心，否定却是更能够激励我们的方式。要知道，如果一个人的一生之中始终活在别人的肯定里，那么，他前进的脚步就会受到阻碍，他的发展也一定会受到限制和禁锢。我们不仅需要顺耳的美言，也需要逆耳的忠言，这样，我们的人生才能更加精彩。

失败者大多数是半途而废

在生活中，数千年来，人们为了平等而奋斗着。时至今日，依然不存在真正的平等。人是主观的动物，在看待很多事物和人的时候，我们难免会带着内心深处的偏见，因此产生高低贵贱之分。因此，很多人都曾经因各种各样的原因而被别人轻视过。然而，需要我们铭记在心的是，即使整个世界都看轻我们，我们也不能看轻自己。因为，一旦你自轻自贱，你就真的变成了一个不值得受到别人重视的人。别人怎么看你不重要，重要的是你怎么看你自己，你怎么面对自己。即使全世界都放弃了你，只要你自己不放弃自己，你就依然能够傲然屹立于天地之间。

在生活中，没有任何一个人能够永远被光环笼罩。对于大多数普通平凡的人而言，很多时候都是默默无闻的。因此，当遭遇轻视的时候，我们应该告诉自己：即使我是一棵小草，我也有我的尊严。尤其是当生命的尊严被践踏的时候，我们更应该坚守尊严的底线，坚持做自己。从本质上说，轻视实际上蕴含着一种巨大的力量。不过，最重要的是我们要摆正自己的心态。假如我们心态平和，能够坦然面对人生的挫折，那么我们就能够把别人的轻视和不屑都转化为自己前进的动力。反之，假如我们心态不好，非常自卑，那么，我们就会因为别人的轻视而自轻自贱，失去信心。其实，生活中总是充满风雨的，要想傲然屹立于人生之巅，我们就要坚强、自信，永不放弃。

假如不是同事露出的轻视之意，王辛可能不会有今天的生活。

十几年前，王辛只是一个乡镇的文秘。当时，大学刚刚毕业的王辛虽然走

第 10 章 人生漫漫，勇敢地走心中向往的路

上了工作的岗位，但是心中依然怀抱着文学的梦想。因此，在做好本职工作的同时，王辛尽量利用闲暇时间写一些"豆腐块"投稿，不是为了微薄的稿费，而是为了自己有一天能够在文学领域有所作为。然而，面对一次次退稿，王辛不禁动摇了。正当他的内心处于挣扎之中的时候，一天，他的退稿又来了。是同事把退稿交给王辛的，王辛看见同事的脸上流露出轻蔑的表情，而且，他还用不以为然的语气说："你真的相信自己能写出点儿名堂来吗？要知道，无数比你强的人都在这条路上默默无闻。因此，我劝你还是赶紧脚踏实地地干点儿实事吧。"听了同事的话，王辛突然想起一位智者说的："假如一个智者轻视我，那么我就应该把轻视转化成向上的动力；假如一个愚者轻视我，嘲笑和讽刺我，那么，我又为何要拿别人的错误惩罚自己呢？"想到这里，王辛心中释然了，原本动摇的决心再次变得无比坚定。王辛默默发誓：我一定要在文学的道路上走出一番柳暗花明来！

就这样，在接下来的十几年中，王辛始终坚持着，直到现在，王辛已经成为一名文字工作者，他依然告诉自己要正确对待别人的轻视。

生活中，几乎每个人都曾经被人轻视过，也曾经在内心愤愤不平的时候恨不得马上反击对方。然而，言语和行为上的反击非但于事无补，甚至会对自己造成伤害，或者还会招致对方更加肆无忌惮地轻视。其实，我们必须承认的是，每个人都有自己的优势和劣势，因此，每个人都有比别人强的一面。尽管每个人在社会上扮演的角色不同，社会地位也不同，但是每个人的灵魂都是平等的。我们不会因为别人的轻视而失去存在的意义，不管别人如何蔑视我们，我们都依然是独一无二的自己。

记住，能够证明你实力的只有你自己，而不是别人随意的评价。面对别人的轻视，选择放弃还是选择坚持，你的人生就此将会产生完全不同的结局。所以，不管做什么事情，我们也应该像上述案例中的主人公一样，化别人的轻视为自己前进的动力，督促自己不断进步，不断发展。

赢在心态

不因别人的忽视而自暴自弃

在这个世界上,有很多人似乎总是在为别人而活着。他们生活在别人的眼睛里,不管做什么事情,总是在乎别人对他们的评价,甚至为了别人的眼光而改变自己为人处世的原则。不得不说,这样的人是可悲的,因为他们没有自我。尽管社会要求我们必须遵守一些公共的道德规范,但是,我们依然应该在一定的限度内保持自我。人是群居动物,几乎没有人能够脱离社会而存活,所以这也就注定了只要活着,我们就要和别人的流言蜚语、善意的或者恶意的评价打交道。对此,我们应该怎么做呢?我们必须意识到的一点就是,每个人在看待外界万物的时候都有自己的标准和评判准则,因此,我们根本无法让任何人都感到满意。不管我们多么努力,我们也不可能得到所有人的赞赏,而丝毫不受到非议。既然如此,我们为何还要费心竭力地奢望让所有人都对我们竖起大拇指呢?古人给我们留下了一个词语,叫"问心无愧",我想,不管是做人还是做事,只要对得起自己的良心就好。所谓良心,就是你自己的做人处世的准则。只要我们觉得自己的所作所为符合自己的道德准则,能够让自己内心安宁,就无须为了别人的看法而改变自己。

纵观历史长河,那些名垂青史的成功人士,无一不是备受争议的。而他们之所以能够成功,青史留名,就是因为他们没有人云亦云,更没有随波逐流,他们总是坚定地做着自己应该做的事情,从不轻易改变自己的初衷。试想,假如他们当时想要得到所有人的认可,那么今天的历史必将少了很多值得我们钦佩和学习的伟人。人生的路是漫长的,在川流不息的道路上,你很难留下自己的脚印,而只有在泥泞未干的道路上,才能留下自己的足迹。所以,尽管我们需要从谏如流,需要虚心地接受别人的意见和建议,我们也同样需要坚持自己

第 10 章 人生漫漫，勇敢地走心中向往的路

的道路，坚定不移地走下去。在中国，鲁迅先生的大名几乎无人不知，无人不晓。了解鲁迅生平的人都知道，鲁迅原本是学医的，因为他想医治国人的病痛。然而，一个偶然的机会，他意识到国人的病痛不仅仅在于身体，更在于精神，所以，他毅然决然地弃医从文。想必，当初定然也有很多人反对他的决定，但是，他却以笔为枪发出了震撼国人的呐喊声。事实证明，他是一位握着笔的战士，他的笔征服了无数人。假如没有当初的坚持，当今文坛上就少了这样一个犀利的大作家。尽管我们不是伟人，也未必有着伟大的事业需要完成，然而，作为凡人的我们同样需要坚持自己的想法，坚定不移地走自己的路。一件再小的事情，如果我们不能坚定不移地去做，而是在别人的非议中朝令夕改，那么我们也是无法成功的。

伟大的物理学家爱因斯坦小时候并不聪明，甚至显得有点儿笨拙。有一次，老师让每个学生回家之后做一个手工艺品交上来。第二天，学生们争先恐后地交上了自己的作品，只有爱因斯坦非常不安地拿出了一个歪歪扭扭的小板凳。看到爱因斯坦的小板凳，同学们哄堂大笑，甚至连老师都说这简直是世界上最糟糕的小板凳了。对此，爱因斯坦却说："老师，这不是最糟糕的，最糟糕的在这里。"说着，他从书包里拿出两个更加糟糕的板凳，展示给老师看。至此，老师才知道原来爱因斯坦交上来的这个板凳是他做的第三个板凳，前两个板凳显然更加不像板凳。

也许，爱因斯坦在制作的过程中就已经意识到自己做的板凳不那么完美了，然而，他没有放弃，也没有改做其他手工艺品，而是在连续做了两个板凳之后又做了第三个。他不在乎别人怎么说，因为他已经尽力了。在课堂上，面对老师和同学的嘲笑，他很坦然地拿出了自己之前做的两个板凳。正是因为具有这种精神，他才能在科学研究的道路上坚持不懈地走下去，而全然不管别人对他的评价。他知道自己要走的路有多么艰难，因此，他从不抱怨，只是一味地坚持。可以说，每一个成功的科学家都具有爱因斯坦的这种精神，那就是坚定不移地走自己的路，不管别人怎么说。

作为普通人，我们也许面对的都是生活中的小事，不过，这些小事也需要

我们的坚持。要想成功,我们就必须坚定不移地走自己选择的道路,做自己该做的事情,而千万不要随波逐流。那些经常改变自己想法的人,那些没有主见的人,那些为别人而活着的人,是不可能拥有属于自己的成功的。

实力大小,从敌人就能看出来

毫无疑问,在生活中,每个人都活在肯定和否定之中。这些肯定和否定,既有来自他人的,也有来自我们自己的。虽然每个人都想要得到别人的肯定,也希望能够使自己满意,然而,与肯定比起来,否定对于我们的成长却是更加重要的。否定分为两种,一种是来自他人的否定,这些不同的声音往往能够使沉浸在虚荣和满足心中的我们突然警醒,进而反思自己。由反思生发,我们开始自我否定。另一种是来自自我的否定,和来自他人的否定相比,来自自我的否定更加珍贵。因为,只有来自自我的否定,或者是由他人的否定转化而成的对自己的反思,才是我们发自内心地对自己的审视。这种否定,因为我们更加了解自己,所以显得弥足珍贵。人之所以能够不断进步,正是得益于这一次次的自我否定,它们像鞭子一样不停地鞭策和激励着我们,不断前进,前进!

试想,如果生活中没有否定,你所听到的都是来自别人的赞扬,那么,你会成为什么样子呢?!你不会像如今这般谦逊、自省、冷静、理智,你一定会被别人的夸赞冲昏头脑,甚至忘记自己也是凡人,也会犯一些不那么高明的错误。当你为今天的成功而沾沾自喜的时候,千万不要忘记在成功的路上曾经犯下的那些错误,这些错误或者是无心之失,或者曾令你追悔莫及。不管是怎样的错误,都应该铭记,是它们使你距离成功越来越近。因此,你还应该时刻反省自己,因为人在成长、在进步、在发扬优点的同时,还会因时因地地出现很多新的局限。而为了长足的发展,你所需要做的就是正确地对待这些错误和缺点,因为,它们是你前进的垫脚石。所以,感谢那些在发出与赞誉声不和谐的

第 10 章　人生漫漫，勇敢地走心中向往的路

否定之声的人们吧，不管他们是你的朋友还是你的敌人，他们都直接或者间接地推动了你的进步。如果你是一个善于主动地自我否定的人，那么更要感谢自己，因为正是这种难得的品质使你始终保持前进的步态，没有像那些骄傲自满的人一样止步不前。

对于自己今天所取得的成就，黄翔最想感谢的人就是那些曾经的"敌人"。

大学毕业后，黄翔没有选择和其他同学一样应聘找工作，而是决定自己和几个要好的同学一起合伙开一家电脑公司。虽然他们把前景幻想得无限美好，事实却依然是残酷的。他们遇到了重重阻碍，他们的产品遭到了很多人的质疑。面对这些使人焦头烂额的非议，黄翔没有抱怨，而是带领伙伴们一起夜以继日地研究，最终一一解决了这些难题。当所有眼前的困难都被解决之后，黄翔没有沾沾自喜，而是号召大家开了一个会议。在会议上，他说："咱们的公司开张两年了，这两年来，我们之所以如此被动，就是因为我们总是等到别人提出非议的时候才想起来去解决问题。以后，我们要改变思路，主动地发现问题，解决问题。这样，我们就能够在别人没有提出非议之前改进自己的产品，给大家提供更好的服务。我想，从此时此刻开始，我们都要具备自我反省的精神，这样，我们才能从被动地挨打转化成主动地出击。当然，这一切都要感谢那些曾经质疑我们的同行和顾客们，是他们启发了我们的思路，使我们找到了一条适合公司发展的道路。只要我们有着不断自省和创新的精神，我相信，我们的产品一定会更加完美，带给顾客更好的消费体验。"

自此，黄翔主动带头，成为公司中不断进行自我否定、追求创新的标兵。在他的带领下，自我反省、自我否定、不断创新成为公司的精神，几乎每个员工都满怀热情地投入工作。果然，经过几年的发展之后，黄翔的公司已经由行业里默默无闻的小角色成为异军突起的一支重要力量。

如果没有那些同行或者善意或者恶意的否定，如果黄翔故步自封，从不在乎别人怎么说，也不反省自己、改进自己，那么，黄翔的公司很难有今天的成就。在激烈的市场竞争中，黄翔的公司甚至早就已经倒闭了。面对这样的局面，值得庆幸的是，黄翔始终没有放弃。从别人否定他，转变为自己否定自己，正

是这样的转变,才使黄翔能够理智客观地分析问题,主动地改进、创新,最终使公司获得了新生。

记住,没有人是完美的。既然是人,就一定有缺点和不足。要想进步,我们就要敢于否定自己,敢于接受那些批判和质疑的声音,只有这样,我们才能不断地进步。

不断被否定,才能成为优秀的自己

尘世繁华,年轻人难免会被一些俗事杂念影响到自己的思想和观念,难免会感到迷茫。现在这个时代,是一个各种价值观念迎面而来的时代,各种思想兼容并包的时代。面对这一切,我们极容易对自己从小树立起来的价值观感到动摇,极容易感到茫然无措,这一切并不是年轻惹的祸,也不是年龄可以解决的问题,一个人是否清醒取决于他的信念和意志,取决于他是否有主见。面对这个浮华的尘世,有自己的主见,不人云亦云,不盲目攀比,才能够更成熟,更容易成功。

30岁以前,很多年轻人往往被短期的利益蒙蔽了自己的视线,作出一些错误的、对人生有伤害和损失的判断。只有坚定的信念才能让年轻人避免短期利益的诱惑,从而看得更远、更清晰。这个世界上总有这样那样的诱惑,而又总有各种荒谬的、不堪一击的理由来支撑着那些丑陋的诱惑,使它外表上变得无懈可击。事实上,难道我们真不知道它是错误的吗?难道不知道这些会造成严重的后果吗?可是我们更相信侥幸。

比如前些年甚嚣尘上的传销活动,人们一开始可能真受了蒙蔽,那是因为唾手可得的短期利益蒙蔽了我们的眼睛;也可能对自己的某些行动真的觉得不对,可是那些狂轰滥炸的理论,如"金钱至上论""只要你成功了,谁管你的钱是怎么来的"等让人们觉得那可能就是真的,觉得可以侥幸。面对让人眼花

第10章　人生漫漫，勇敢地走心中向往的路

缭乱的各种诱惑，这一代的年轻人可能有着自己的优势：我有学问、有学历、有能力，为什么要做那些无聊的事，而不凭着真本事闯一番自己的事业？

同时年轻人也有着自己的迷惑：为什么别人年纪轻轻就自己创业，而我却不可以，还要忍受上司的脾气，别人的嘲笑？为什么他可以拥有那么好的职位，我却在这个破公司窝着？为什么别人可以买房、买车，我却必须忍受处处受限的生活？为什么别人不过每天盯盯盘，就可以潇洒度假，我却要拼死拼活地做工？为什么别人凭着一副谄媚的小人嘴脸就可以升职，我却要受这种窝囊气？

人和人是不一样的，你在羡慕他人的同时，别人也在羡慕你。你只了解自己受的那些气，只觉得自己委屈，却没尝过别人担惊受怕或者背后挨骂的滋味。每个人都有两面，有的人表面看起来风光无限，可是背后也许正在流泪；有的人表面看上去含辛茹苦，却乐在其中。如果你只看到事物表面的东西，就对那些繁华的表面动心了，就会羡慕嫉妒恨，那你遭到的痛苦就会非常大。

不要迷失自己，不管你对这个世界有多么不确定，至少有一件事是确定的，你付出多少就会收获多少；只要你做的事是人们所承认的，对于人们有正面的价值，你就会受到人们的尊重，只要你有足够的坚持，最终就能收获成功。不管社会上信奉怎样的价值观，不管那些价值观看起来有多诱人，年轻人都应该有自己的思想，有自己的主见。

一个人凭什么和另一个人不同？是凭着他们的思想，对于各种事情有自己的主见，有自己的一套见解，往往会让你变得与众不同。不同的观念就是一个人胜出的关键，股市上为什么大多数人都在砸钱，而只有少数人能够一夜暴富？因为大多数人都在跟风，都在听专家的话，对于自己选择的股票没有自己的见解。只有少数人会有自己的见解，心中对于股票的价值有自己的衡量，属于"有谱"一族，所以他们不管操盘手怎样操作，盯着的就是公司整体价值的提升，他们自然会稳赢。

对于任何事，都要有自己的主见，30岁以前，大多数人往往是不成熟的，容易模仿他人，也容易受到周围人的影响，爱攀比，爱炫耀，爱追逐一些奇怪的时尚；性格不定，价值观也极容易改变，这些都是幼稚的表现。但是，现在

我们根本不可能真的心智有多成熟,毕竟二十多岁还有很多待改变的地方,所以,要根据自己的特质,跟优秀的人在一起,读引导性的正面积极的书籍,不断坚定自己的信念,这些都可以免除因为青涩幼稚而犯下荒唐的错误,可以避免迷失自己。

有自己的主见,有自己的追求,不轻易被迷惑,不摇摆不定,是一个成熟人最大的优点,保持头脑清醒,坚持自己的信念,可以让你更快走向成熟。

始终做自己,不要活在别人眼中

30岁之前找不到人生的出路,并不可怕也不奇怪,要求30岁有怎样的成就、怎样令人羡慕的地位是不现实的,更何况是现在的年轻人。

人们都说苦难使人早熟,而现在30岁之前的年轻人都是"80后","80后"是从小在蜜罐里长大的。一个总是在幸福呵护中长大的年轻人,容易迷茫、缺乏方向感,不懂得怎样实现自己的价值。这是一个集体迷茫的时代,一方面是个人的原因,另一方面也有社会的因素,社会正处在一个转型期,各种价值观念发生着碰撞,就连四五十岁的中年人都有一种迷茫感,更何况是30岁左右的年轻人呢?

不过迷茫、找不到出路并不可怕,只要你有着自己的信念,有着明确的思路,那迟早会找到自己人生的出路。可以说,年轻人现在是比较清醒的,对自己的前途也有着自己的期待和规划,尽管这种规划还处在相当模糊的阶段。想一想以前未受教育的年轻人,他们二十几岁的时候只不过是懵懵懂懂地过日子,谁懂得去规划一个未来呢?相对而言,这一代大概是处在刚刚醒来,所以迷糊的阶段吧。

有人说"80后"是"失梦的一代",失去梦想,满眼现实。有梦想是好事,但重视现实又有什么不对呢?为自己的将来规划一个可期的、现

第 10 章　人生漫漫，勇敢地走心中向往的路

实的、明确的目标，不也是很重要的一件事吗？为自己的将来寻找一条出路，不是每个人必须有的意识吗？从现在开始，年轻人就可以思考自己将怎样成功，这并不可耻，只有个人有明确的思路，个人成功，集体才能壮大，才有将来。

30岁之前，你一定要弄清楚自己可以做什么，很多年轻人之所以一事无成，是因为他们有着太多的选择，有着太多的目标，太贪心，反而一无所成。想做什么是一回事，能做什么是另一回事。一个人能做的事情，能在哪个领域获得成功，其实是非常有限的。看看你的父母是做什么的，看看你受过的教育是哪方面的，看看你的兴趣、你的天赋在哪里，看看你的机缘在哪里，这一切就是你可能做的事情，可能的出路。

比尔·盖茨小时候就对电脑软件感兴趣，最终他的出路就在计算机领域；李嘉诚从成年开始就处在受雇和雇用别人的环境中，所以他成了一个商人；杨振宁的父亲就是科学家，其他很多科学家的家庭就是知识分子家庭，从小耳濡目染，自然选择了科学领域。

你在一个怎样的家庭中成长？你最熟悉哪个领域？你在学校受到了怎样的专业教育？你的天赋在哪里？你工作后遇到了哪些贵人？从这些因素中就能够找到你最终的出路，找到你最适合在哪个领域工作。成熟的人懂得用最短的时间弄清楚自己可以做哪些事，最擅长做哪些事，然后从这里面寻找契机，进行努力。

找到了自己适合哪条路，就在这条路上走下去，在不同的行业，完全不交叉的职业中转来转去，跳来跳去，是对人生最大的浪费。在选定的领域中坚持下去，你最终能走到事业的顶点。

现在就想一想，你事业的顶点在哪里？你可能达到吗？对于你来说人生的顶点在哪里？你满意吗？如果答案是否定的，你需要对自己的职业再考量，或者寻找比较熟悉的交叉领域作为人生顶点的开始。

阿西莫夫是一位科普作家，也是一位自然科学家。他的成功就得益于对自己的再认识，想清楚了自己可能达到的最高点。一天上午，当他坐在打字机前

打字的时候,突然意识到:"我不能成为第一流的科学家,却能够成为第一流的科普作家。"于是,他把几乎全部精力都放在了科普创作上,终于使自己成为当代世界最著名的科普作家。再如海岩曾经是个警察,也是个商人,然而令他最出名的却是社会实践的结晶——他的文学作品。为自己的职业想一个可能的拓展前景,会对你的人生有更大的帮助。

　　一个人,只有对自己的人生有明确的规划,才能够成就更大的事业。那些今天想这样做、明天想那样做的人,他们的思想是非常幼稚和混乱的。清楚自己可以做什么,清楚自己人生可以达到的高度,才是一个人成熟的表现。如果鲁迅没有弃医从文,我们就少了一个伟大的文学家;如果达尔文没有进入生物界,进化论就要晚上几十几百年;如果爱因斯坦致力于做一个小职员,那物理学要落后很多年。

　　清晰的人生思路,比现实的出路还要重要,清楚自己能够做什么,正在做什么,将要怎样实现人生价值,一个人才能变得更加成熟。

第11章
从容前行，
别让悔恨自责阻碍你的视线

　　有人说，生活就是一个体验的过程。的确，生活中，有浮有沉，有高有低，但无论如何，我们都要从容、积极地面对，如同明早，太阳依旧会按时升起。一味地悔恨只会阻碍我们前进的步伐。我们要追求心中理想的生活方式、生活目标，就要积极一些，乐观一些，努力一些！

赢在心态

选自己所爱，爱自己所选

人无完人，每个人都有一些弱点，难免会犯错。但人也有懂得改错的优点，在犯过一次错误后，多半能从中吸取教训，找到错误的根源，从而避免再犯。因此，在错误面前，大可不必过分自责。然而，有些人却总是屡次做错同一件事。

某动物园内，一天，工作人员发现丢了一只袋鼠。于是，工作人员开会商量对策，他们得出的结论是：丢失的是一只高大的袋鼠，因此，一定是栅栏的高度不够。于是，他们决定将围栏的高度由原来的2米加高到3米。可出乎意料的是，第二天袋鼠还是跑出来了，于是他们又将高度加高到4米。令工作人员百思不得其解的是，第三天袋鼠还是跑出来了，于是工作人员下定决心将围栏的高度加高到5米。然而这次更糟糕的是，袋鼠不仅跑了出来，还跑丢了几只。工作人员真的束手无策了。

那么，到底是什么原因让袋鼠得以逃跑呢？我们来看看袋鼠的回答。

一天，几只袋鼠闲聊："你们认为，那些人还会继续增高我们的围栏吗？"

"很难说，"一只袋鼠说，"如果他们继续忘记关门的话！"

看完这个寓言故事，我们不禁感叹，动物园的这些工作人员真是愚蠢之极：他们居然接二连三地犯同样一个错误。他们没有思考采用的方法是否行得通，而是在一条错误的道路上越走越远，结果一错再错。

这个故事给我们的教训是，无论是工作还是学习，如果发现在同一个问题上接二连三地出现错误，那么，就应该重新考虑解决的方法是否正确。回头看看，也许答案就在身后。通常，我们经常忽略一些虽小但很关键的问题，因为人一

第 11 章 从容前行，别让悔恨自责阻碍你的视线

旦形成一种思维定式，就很难再跳出来重新审视。

的确，在这个世界上，谁都难免犯错误。即使是大象，也有摔跤的时候。要不犯错误，除非什么事都不做，而这恰好是最基本的错误。从另一个方面看，避免犯错误的人，其成长道路也会受到限制。在现实中，仅有学校的知识是不够的，还必须具备社会的智慧。生活是最严厉的老师。与学校书本教育方式完全不同，生活的教育方式是，我们首先遭遇挫折，然后从中吸取教训。在学校，我们可能会因为没犯错误而被误认为是聪明的学生。而在生活中，我们的智慧恰恰是因为我们犯过错误，并且从中吸取教训。如果一个人真的从所犯错误中吸取了教训，那么他的生活就会发生改变。因此，他获得的不是经验，而是智慧。

可见，对于错误，应有的态度是对自己宽容，犯了错误不过分自责，同时要努力做到不再犯。

温斯顿·丘吉尔说过，成功，是一种从一个失败走到另一个失败，却能够始终不丧失信心的能力。因此，即使你做错了事，也不要总是责备自己。如果你已下定决心不再犯类似错误，更应该停止自责，然后，就应该摆脱这悔恨的纠缠，使自己有心情去做别的事情。如果悔恨的心情一直无法摆脱，一直苛责自己，懊恼不已，那就是一种病态。

话别昨日，给糟糕的昨天画上句号

古人云"以牙还牙，以眼还眼"。这可能是有史以来大多数人对待对手最容易采取的手段和方式了。古往今来，在漫漫的历史长河中，正是因为这一心理，酿成了多少冤冤相报的历史悲剧。第二次世界大战后，阿拉伯国家和以色列之间的血腥冲突，给中东稳定及世界和平带来了多少灾难性后果；而古希腊与特洛伊之间仅仅为了一个女人，展开了数十年的争夺之战……回

赢在心态

望历史，冤冤相报给人类造成太多痛苦和悲剧，留下无数遗恨和灾难。诚然，许多悲剧性事件的发生具有复杂的原因，但争端无不起源于双方的互不相让和冤冤相报。

如果人类在仇恨面前能冷静下来，以宽容的心态面对，能够放弃不必要的争斗，并以德报怨，许多悲剧是可以避免的，甚至历史可能会呈现一种别样的美丽。

古代战国时期，魏国边境靠近楚国的地方有一个小县，一个叫宋就的大夫被派往这个小县去做县令。

两国交界的地方住着两国的村民。村民们都喜欢种瓜。这一年春天，两国的村民又都种下了瓜种。不巧这年春天天气比较干旱，由于缺水，瓜苗长得很慢。魏国的一些村民担心这样旱下去会影响收成，就组织一些人，每天晚上挑水到地里浇瓜。

连续浇了几天，魏国村民的瓜地里，瓜苗长势明显好起来，比楚国村民种的瓜苗要高不少。

楚国村民一看到魏国村民种的瓜长得又快又好，非常嫉妒，有些人晚间便偷偷潜到魏国村民的瓜地里去踩踏瓜秧。魏国村民十分生气，急忙去找县令，要教训一下楚国人。

宋县令忙请村民们消消气，让他们都坐下，然后对他们说："我看，你们最好不要去踩他们的瓜地。"

村民们气愤至极，哪里听得进去，纷纷嚷道："难道我们怕他们不成，为什么让他们如此欺负我们？"

宋就摇摇头，耐心地说："如果你们一定要去报复，最多解解心头之恨，可是以后呢？他们也不会善罢甘休，如此下去，双方互相破坏，谁都不会得到一个瓜的收获。"

村民们皱紧眉头问："那我们该怎么办呢？"

宋就说："你们每天晚上去帮他们浇地，结果怎样，你们自己就会看到。"

村民们只好按宋县令的意思去做。楚国的村民发现魏国村民不但不记恨，

第11章 从容前行，别让悔恨自责阻碍你的视线

反倒天天帮他们浇瓜，惭愧得无地自容。

这件事后来被楚国边境的县令知道了，便将此事上报楚王。楚王原本对魏国虎视眈眈，听了此事，深受触动，甚觉不安。于是，他主动与魏国和好，并送去很多礼物，对魏国有如此好的官员和百姓表示赞赏。魏王见宋就为两国的友好往来立了功，下令重重地赏赐宋就和他的百姓。

这就是个典型的以德报怨的故事。

在漫长的人生路途中，我们难免会受到来自他人和外在世界的伤害，却很少有人能真正做到以包容的心对待仇恨，大多数人宁愿将仇恨的种子深种在心里。殊不知，仇恨的对象是他人，受伤的却是自己。当你被仇恨之火点燃时，不妨问一问自己：我快乐吗？如果答案是否定的，你是否可以试着抛弃那些灼伤你的仇恨，换一颗宽恕之心？或许你会发现，宽恕比仇恨更快乐。

冤冤相报何时了，真正的智慧是以德报怨，用宽容来回报伤害，我们的生命会因此拓宽，我们的世界会呈现出化干戈为玉帛的祥和。

对于已成定局的事，不必追悔

生活中，我们经常要面临两难的抉择，尤其是在现在这个信息多而乱的社会中，做出正确的抉择更不是一件易事，这就需要我们有出色的判断能力。但无论作出什么决定，采取什么行动，也无论得出什么结果，都不要反悔。你要明白的是，反思可以让你成长，但反悔无济于事。你需要做的就是，不断反思自己的过失，在反思中行进。

在这一点，孔子给我们每个人都树立了榜样。

一次，孔子和他的弟子子路、子贡、颜渊到海州游览。孔子听到"隆隆"的声响，对子路说："山的那边在打雷和下雨，为何还要赶着去？"子路说："这不是雷雨声，而是海浪拍岸之声。"孔子从未见过大海，想到海边去看看大海，

于是孔子一行乘车到了海边的朐阳山下。

孔子和他的弟子爬上了山顶,只见水天相连,海阔无际,他们都兴奋极了。这时,孔子感到又热又渴,让颜渊下山去舀海水来喝。

颜渊拿了盛器正要下山,忽听到身后有人在笑,大家都觉得很奇怪,回头一看,是个渔家孩子,于是就问他笑什么。那个孩子说:"海水又咸又涩,不能喝。"说完,他把盛了淡水的竹筒递给了孔子。

孔子喝了水,解了渴,十分感谢那个孩子,正想道谢,忽然海风吹来了一阵急雨,子路一看着急了,大声嚷道:"糟糕,现在到哪里去躲雨呢?"

那个渔家孩子对大家说:"你们都不用着急,请跟我来!"说完,那孩子就着领孔子一行人进了一个山洞,这是他平时藏鱼的地方。孔子站在洞口边躲雨,边观赏雨中的海景,不由得诗兴大发,吟出了两句诗:"风吹海水千层浪,雨打沙滩万点坑。"孔子的三个弟子都齐声赞扬孔子的诗作得好,那孩子却持反对态度,对孔子说:"千层浪、万点坑,你有没有数过?"孔子心服口服地对孩子的反诘表示赞同。

雨停后,那孩子又到海上打鱼去了。孔子回想起刚才发生的几件事,歉疚而又自责地对三个弟子说:"我以前讲过唯上智与下愚不移,看来这并不妥当,还是应该提倡'学而知之','知之为知之,不知为不知'。"

孔子在当时已是名扬天下的贤人,但是,在一个孩子面前,他认识到自己的不足和错误并勇于承认。这正是孔子的圣贤之处。

在生活中,更多的人在遭遇挫折或犯了错误时不是反躬自省,而是责怪或迁怒别人,对于自己的过错,他们总想方设法找出许多理由将其掩盖起来。其实,人们很容易发现自己的过错,但是人们有个通病,明明知道是自己错了,却找出很多理由来掩饰。

什么是真正的过错?知错能改,善莫大焉。有过错而不肯改,这才是真正的过错。若想逐步完善自己,就必须戒除反悔的思维习惯,不断反思自己,主动改正错误。

第 11 章 从容前行，别让悔恨自责阻碍你的视线

人可以反思，但无法反悔

人生如同一杯泡好的茶，有浮有沉，有高有低；有显赫与辉煌，有平凡与平淡，甚至还有在人生低谷受到的打击，感觉前途灰暗时的自卑与放弃……如果缺少这些快乐与痛苦、激动与伤心，那么一个人的一生还完整吗？成功总是青睐那些走出人生低谷、勇往直前的人。当然，有人成功，也有人失败，有的人一生未走出糟糕的昨天，以致一辈子都庸碌无为，活在自己编织的悔恨中。

对于糟糕的昨天，我们越是抗拒，越是无法平和地面对。因此，要接受它，不要不断地反问自己"我怎么会这样呢？""我怎么会遇到这种事情？"这样，只会让痛苦加剧。

如果你能减少抗拒的时间，那么，你就能较早地走出来。比如，你的亲人去世了，你肯定会伤心、痛苦，但如果你能告诉自己"逝者已逝"，那么你会逐渐变得平和起来。相反，你越抗拒，痛苦持续的时间就越长，你面临的人生低潮也会越长。而接纳现状与"我不愿再烦恼了""我不可能再发展了，就接受这种状态吧"这样的态度是不同的，后者是一种消极待世的态度，而前者则是进取的，不断地采取积极行动，直到取得理想的结果。

其次，要对自己有信心，要相信自己能走出来，虽然现在正处于不利的境地，但自己一定能迈过这个坎，而且通过战胜这些坎坷自己会变得更成熟、更强壮。

这些人生低潮是上天赐给你的，让你成长、变强的礼物。有这样一个故事。

所罗门王曾经做过一个梦，在梦中，有个智者告诉他一句话，这句话犹如灵丹妙药一样可以治疗人在失意和得意时的种种病。但是，所罗门王醒来时忘了这句话是什么。于是，他召集王国里最有智慧的长者，并给了他们一枚戒指，告诉他们，如果想出梦中的话，就把它刻在这枚戒指上。几天后，戒指被送还

给所罗门王，上面刻着："一切都会过去！"

是啊，无论过去发生了什么，一切都会过去的，新的一天也会来临，请你相信它！

再者，情绪低潮期应该是重建自我的时候，因为可以由此重新审视自我，调整自我。我们从成功中学不到任何东西，成长来自于失败、低潮。当然，还需要你能正确地认识它，接受它。

人生有高潮就有低谷；人生如同一场游戏，没有定数，所以何必处处计较？不如保持信心与期待，胜不骄、败不馁，在这个美丽的人间留下自己坚实的足迹。或许你认为在自己面前的是很难翻过的门槛，其实当事情过去以后，你会发现，它在你人生路上是多么不显眼，根本无须恐惧，所以，你应该重新扬起自信的风帆，鼓起劲儿摇起双桨，向成功的彼岸进发。

陷入悔恨中就无法取得新的进步

在日常生活中，我们难免与别人产生误会和摩擦，如果对他人产生仇恨之意，仇恨便会悄悄成长，最终会堵塞通往成功的路。如果仇恨是火的话，这团火藏在你的心里，而你一直仇恨的对象却在你的心外，那么这团火就只烧着你自己的心，对方或许连一点点热度都感受不到。所以，放下仇恨吧，远离仇恨，学会宽容对方，那么也就是在宽容自己。

仇恨就像一粒种子，最终会种出人际的不信任、敌意、怀疑……如果这仇恨的种子被到处播撒的话，那么，它不仅会危害到个人的生活，还会影响到整个社会。心怀爱与悲悯之人，不像心怀仇恨与奸诈之人那么强大；被仇恨包围起来的人是面目可憎的。人类历史上，战争、迫害、屠杀等各种残忍行为的出现，正是因为仇恨的存在。

在热带海洋，有一种奇异的鱼，名叫紫斑鱼。它的奇异之处，并不是它身

第 11 章　从容前行，别让悔恨自责阻碍你的视线

上的斑，而是它浑身长满了毒刺。

紫斑鱼常常会因愤怒而用毒刺攻击其他海洋生物。它内心越是仇恨，毒刺散发的毒性就越大，对其他生物的危害就越大。从紫斑鱼的正常生理机能来看，一条紫斑鱼一般能活到七八岁，但实际上紫斑鱼活不过两岁。这是为什么呢？

问题还在毒刺上：用毒刺攻击其他生物时，紫斑鱼越是满怀"仇恨"，它的毒刺攻击得越狠毒，对别的生物伤害越深，对自己的伤害也越深。因为它心中的"怒火"在烧毁别的生物的同时，也在烧毁自己，最终使自己五脏俱焚，一命呜呼。

然而，世间万物，被自己所伤、自己败给自己的，又岂止紫斑鱼？那些总是满怀仇恨的人，那仇恨之火不也在伤害他们自己、毁灭他们自己吗？

生活中，我们周围的任何一个人，都可能成为我们仇恨的对象。然而，就在仇恨他人的同时，我们的身心健康也被灼伤。当内心被愤怒燃烧的时候，身体的其他器官也会因内分泌旺盛而受伤。此外，仇恨还可能使我们行为反常、烦躁易怒，最终变成一个十足的讨厌鬼。

仇恨的产生并不是无缘无故的，我们每个人并不会随便恨一个人，仇恨的产生往往是因为他人做了伤害我们的事。在认清这一点后，我们应该找到灭火的方法，仇恨来自内心，是无法通过改变仇恨对象而得到缓解的。因此，我们应当积极地在自己身上寻找问题，而不要任仇恨之火肆意蔓延。

仇恨最可怕的地方在于，如果不主动浇灭内心的仇恨之火，那么，它便会无休止地蔓延开来。

排解仇恨情绪是一个净化心灵的过程。我们可以尝试说服自己：他之所以这样做，是有一定缘由的，我应该原谅他。然后，慢慢让自己接受现实，从心底理解和原谅他，进而让仇恨情绪随着时间的推移逐渐淡去。另外，我们应学会宽容，让自己不再容易受伤，这样才能防患于未然，不让仇恨之火轻易燃起。

人生在世，既然存在人际交往，就会产生摩擦、误解甚至仇恨。如果心中始终装着自己给自己编织的"仇恨袋"，生活只会如负重登山、举步维艰，最终堵死自己的路。假如你不愿意宽恕，这个重担将一辈子跟随着你；若通过宽恕，克服情感上的伤害，你便可以让自己痊愈。

第12章
敢于挑战风雨，别只敢走平坦的道路

　　我们当然希望自己的人生一帆风顺，殊不知，一帆风顺只是一个海市蜃楼般的美好愿景。这个世界上根本没有一帆风顺的人生，不管你的出身是高贵还是贫寒，命运都无一例外地会让你尝到人生的百般滋味。所以，不管什么时候，都不要乞求一帆风顺，而要扬起斗志，昂首向前。记住，你的命运把握在你自己手中，一切都取决于你的努力，而不是取决于美好的愿望。

第12章　敢于挑战风雨，别只敢走平坦的道路

没有风雨，就不会有彩虹

提起困难，我们会想起很多词语，诸如"迎难而上""知难而退"等等。毫无疑问，迎难而上是人们更为提倡的一种对待困难的态度，因为只有迎难而上，我们才有可能战胜困难。相比之下，知难而退则显得不那么受推崇了。大多数失败者之所以失败，就是因为没有战胜困难的勇气，一遇到困难就畏缩。不过，迎难而上的人往往需要莫大的勇气，怀揣着高尚的理想和志气，抱着和困难同归于尽的决心。那么，有没有更好的对待困难的态度呢？生活中，我们总是把困难当成一种阻碍，似乎困难与成功总是背道而驰的，是成功的大敌。因此，只要一提到困难，我们就大义凛然，弄得自己就像是要英勇就义的烈士一样。假如换一个角度看待困难，我们也许会有惊喜地发现。例如，我们无须硬着头皮迎着困难往上冲，我们也可以把困难踩在脚下，让它成为我们走向成功的阶梯。对，就是这样，把困难踩在脚下。

古人云：宝剑锋从磨砺出，梅花香自苦寒来。还有一首歌唱道：不经历风雨，怎能见彩虹。天上从来不会掉馅饼，机会只给那些有准备的人，既然如此，我们还能抱怨什么呢？不管做什么事情，我们无一例外地都会遇到困难，要想战胜困难，重要的不是我们遇到的是怎样的困难，而是我们采取怎样的态度面对困难。把困难踩在脚下，使其成为我们不断进步的阶梯，这才是聪明人的做法。把困难踩在脚下，你才能站得更高，看得更远。生命就像是化蛹成蝶的蚕茧，只有经历一次次蜕变，才能增加生命的厚度，最终完成华丽的转身。假如人生没有困难，未免显得过于甜蜜和寡淡。正是在一次次的挑战与超越之中，我们的能力不断得到提高，我们的心智越来越成熟，我们的人生越来越开阔、丰满。所以，让我们拥抱困难吧，只有这样，我们才能拥

有精彩的人生旅程!

有一天,一个农夫牵着一头驴子去赶集。在回家的路上,驴子不小心掉进了路边干草遮盖的枯井里。农夫赶紧想办法救驴子,然而,他尝试了很多办法,都没有用。眼看着天就要黑了,驴子依然在井里痛苦地哀嚎着,农夫则急得团团乱转。最终,农夫决定放弃这头驴子,毕竟这头驴子的年纪已经很大了,也干不动农活了。为了避免其他人也掉进枯井之中,农夫决定把枯井填上。因此,农夫赶紧回家找来邻居,大家一起拿着挖土的工具,开始往井里填土。

驴子似乎意识到了主人的真实意图,因此,它开始绝望地哀嚎。农夫很伤心,但是依然往枯井里填土。出人意料的是,不久之后,这头驴子不再嚎叫了,变得安安静静。农夫以为驴子死了,就探头往井里看。见到井里的情景,农夫不由得大吃一惊,只见每当有土落到驴子身上的时候,它就机灵地将其抖落下来,然后再站到泥土上面。就这样,驴子把所有的泥土都抖落到脚底下,它离井口越来越近了。最终,它精神抖擞地踩着泥土到达了井口,并且在众人难以置信的目光中欢快地跑开了。

面对生存的绝境,驴子并没有放弃自己求生的欲望。哀嚎之后,它灵机一动,把掉落在自己身上的泥土全都抖落下去,并且最终踩着这些泥土到达了井口。其实,我们在生活中所遇到的那些困难也是生活强加给我们的"泥土",这个时候,怨天尤人没有用,哭天抹泪也没有用,我们唯一能做的是换一个角度看待困难,将其转化成我们的垫脚石。不管我们遭遇了多少困难,只要我们像那头驴子一样锲而不舍地抖落它们,再把它们踩在脚下,那么,我们就能够安然地走出困境。

面对困难,最重要的就是临危不惧,坚定不移,永不放弃。只要我们调整好自己的心态,以沉着、冷静的态度处理困难,我们就能够从困难中发现有利于我们的一面,从而真正地解决问题。总而言之,一切都取决于我们自己。人生的路很漫长,要想拥有精彩的人生,我们就要做好面对困难的准备,坚决地把困难踩在我们的脚下。

第12章 敢于挑战风雨,别只敢走平坦的道路

踩着失败的阶梯,推开成功的大门

很多人有着平淡的生活和还算稳定的工作,但总是感觉生活缺乏生气,日子过得无聊至极。他们不曾发觉原来自己也是很幸福的,只是因为长期沉浸在消极状态中,所以忧愁烦闷、失落悲观,沉浸在过去的往事与对未来生活的迷茫中,浮躁的心无法平静。

每个人内心深处都给消极心态留有一片空间,即使很不情愿,但消极心态总是时不时地光临。特别是当受到挫折、感到畏惧时,这种心态表现尤甚。消极心态能够摧毁人的信心,使希望泯灭。消极心态就像一剂慢性毒药,使人慢慢地意志消沉,失去战胜困难的勇气,遇到困难总是往最坏的方面考虑,幸福也就与他背道而驰。消极心态是开发潜能和创造力的大敌,它具体表现为愤世嫉俗、没有目标、缺乏动力、心存侥幸、缺乏恒心、不懂自律、懒散不振、自卑懦弱、清高傲慢等。

一个被消极心态困扰的人,纵然嘴中可能时常在念叨"成功""幸福""好运",但这一切都因为他们心中充满着恐惧、畏怯、消极、怠慢等而变得虚无缥缈。

许多年前,美国南方各州居民都是用烧木柴的壁炉来取暖。有一个樵夫,他给一家人供应木柴已两年多。这位樵夫知道木柴的直径不能大于18厘米,否则就不适合那家人特殊的壁炉尺寸。

但由于工作疏忽,每次送过去的木柴,都有些尺寸过大的。主顾发现这个问题后,就打电话给他,要他调换或者劈开这些过大的木柴。

"我不能这样做,"这个樵夫说,"这样花费的工价就会比全部柴价还要高。"说完,他就把电话给挂了。

这个主顾没有和樵夫反复争执,而是在饭后亲自来做劈柴的工作。大概在

赢在心态

这项工作进行了一半时,他注意到一根非常特别的木头,这根木头有一个很大的节疤,节疤明显地被人凿开又堵住了。这是什么人干的呢?他掂了掂这根木头,觉得它很轻,仿佛是空的。他用斧头劈开这根木头,一个发黑的白铁卷掉了出来。他蹲下去,拾起这个白铁卷,把它打开,吃惊地发现里面包着一些很旧的50美元和100美元两种面额的钞票。他数了数恰好有2250美元,很明显,这些钞票在这里已有很多年了。这个人唯一的想法是使这些钱回到它真正的主人那里,于是他拿起电话又打给那个樵夫,问他从哪里砍了这些柴火。这位樵夫消极地以为主顾想探听木柴的来源,为了维护自己的利益,他没有告诉主顾任何信息。

结果,这位心态积极的主顾就毫不费力地收获了一笔金钱。而那个心胸狭窄、心态消极的樵夫则继续辛苦地劳作,再也没有遇到类似的"不劳而获"的事情。

在这个故事中,具有积极心态的人发现了钱,而有消极心态的人却与钱擦肩而过。好运在每一个人的生活中都是存在的,然而,以消极的心态对待生活的人却会阻止好运造福于他。人通常都希望自己好运,最直接的就是发一笔横财,改善生活质量。但如果没有积极的心态,好运怎么会走到你面前?

哲人说,在人一生的航程中,消极心态者一路上都在晕船,无论目前境况如何,他们对将来总是感到失望、恶心,那么还谈何快乐、好运和幸福,更谈不上充分享受人生旅程中美好的风光。

莉莉在一家夜总会里工作,收入不多,然而,她总是过着非常快乐的生活。

莉莉很爱车,但是,凭她的收入想买车是不可能的事情。与朋友们在一起的时候,她总是说:"要是有一辆车该多好啊!"眼中尽是无限向往之情。

后来有人说:"你去买彩票吧,中了大奖就可以买车了!"

于是莉莉买了两块钱的彩票,可能是上天过于垂青她,朋友们几乎不敢相信,莉莉就凭着两块钱的一张彩票,果真中了大奖。

第 12 章　敢于挑战风雨，别只敢走平坦的道路

莉莉终于实现了自己的愿望，她买了一辆车，整天开着车兜风，夜总会也去得少了，许多人看见她吹着口哨在林荫道上行驶，车子擦得一尘不染。有一次莉莉把车泊在楼下，半小时后下楼时，发现车被盗了。

刚开始，莉莉有些遗憾，但更多的是气愤，她恨透了那个偷车贼，不断地咒骂他，但心里仍很不舒服。过了一整晚，她的情绪仍然暴躁。但天亮时，她又思考了很久，突然变得很开心了。

清晨时分，几个朋友得到消息，想到她那么爱车如命，这么多钱买的车眨眼工夫就没了，都担心她受不了，就相约来安慰她。

莉莉正准备出门，朋友们说："莉莉，车丢了你千万不要悲伤啊！"

莉莉却大笑起来："嘿，我为什么要悲伤啊？"

朋友们互相疑惑地望着。

"如果你们谁不小心丢了两块钱，会悲伤吗？"莉莉说。

"那当然不会！"有人说。

"是啊，我丢的就是两块钱啊！"莉莉笑道。

是的，不要为两块钱而悲伤。莉莉之所以过得快乐，就因为她没有在抱怨、悔恨等消极心态的影响下生活，而是很快调整心态，看淡了丢车这件事。

从莉莉的故事中我们看到，生活中经常会有大的变故出现，而自己的心态多数也会在变化中不自然地趋于消极状态。只有懂得调整心态，才有可能开启幸福生活的新篇章。

有心理学家总结了调整消极心态的几种方法，对诸位朋友有很好的借鉴意义。

●微笑法。不顺心的事在人的生活中经常遇到，这时，你不妨想想开心的事情，看个笑话、读个故事，在微微一笑间，敞开你的胸怀，让笑化解种种不快和矛盾，把消极心态消灭在萌芽状态。

●提醒法。有的人情绪化较强，脾气太坏，心态也容易受到影响，情绪不断波动。最好的办法是找一位信得过的人，在控制不住感情、心态消极的时候，让他给你提个醒：请不要消极思考。

 赢在心态

"万事如意"只是一种美好的愿望

随着年岁一天天增长,我们的经验和阅历也越来越丰富。这时,我们也许会突然意识到,原来父母曾经对我们的叮咛是那么的可贵。遗憾的是,当初年少无知的我们没有把这种爱的叮咛放在心上,而是将其作为百无一用的唠叨置之脑后。直到自己走到了父母的年纪,我们才恍然大悟,这么深刻的道理一定要提前告诉孩子,以避免他们走弯路啊!真正等到成为了父母,我们才发现孩子正在和我们犯着同样的毛病,就是把父母满怀好意的经验之谈当成是毫无用处的唠叨置之脑后。一代又一代,就这么走着弯路。其实,这是人生必然的经历。很多事情,如果不涉及原则性问题,我们应该给予自己一定的空间。人们常常用"不撞南墙不回头"来形容那些不接受别人善意意见的人。实际上,这个问题在很多人身上都有。对于那些并非会酿成严重后果的事情,我们不妨少说一些,不管是对子女也好,还是对自己也好,有的时候,切身的经验和体会比别人的任何说教都管用。因此,有些弯路是必须走的,我们无须恐惧,只需要坦然面对即可。

美国教育学家杜威创立了"从做中学"的教育理念,目的在于提倡父母、教师们不要仅仅一味地教授孩子现成的知识,而是要引导孩子们去体验。有些错误,即使父母师长警告了一百遍,孩子依然会因好奇心去尝试,而假如让孩子亲身体验一次,也许他就再也不会犯同样的错误了。其实,"从做中学"的教育理念不仅仅适用于孩子的教育问题,也同样适用于成人社会。很多时候,我们为自己没有听取其他人的劝告犯下错误而追悔莫及,却不知道,自己从实践中摸索出来的经验更为可贵。人生没有捷径,很多事情,不去尝试,你就不知道结果如何。所以说,人生的很多弯路是必须走的。就像爬山,在山脚下的

第12章 敢于挑战风雨，别只敢走平坦的道路

时候，我们多么希望有一条电梯直达山顶，然而，我们满眼望去都是荆棘，这使我们必须在摸索中流血前进，直到抵达山顶。从山顶往下来，我们才发现原来真的是有捷径的，只不过，这个捷径是我们自己踏出来的。不要因为那些曾经的失败和痛苦而懊丧，要知道，你之所以能够成长为今天的你，就是因为那些曾经的经历。每个人的成长都不是一蹴而就的，每个人之所以能够拥有今天，都是因为他们曾经走弯路磨破了脚掌，因为走错了路撞得头破血流，只有哭过才知道笑的幸福。

唐楠进入公司后，成了初生牛犊，因为他天不怕，地不怕。当然，他之所以如此有胆识、有气魄，是因为他的爸爸是这家公司的董事长。对于他，父亲没有提出过高的要求，只是让他像一名普通员工一样就可以了。因此，他卸下了心里所有的负担，每天朝九晚五，和大多数同事一样从事着最普通的工作。

后来，唐楠凭借自己的努力进入了公司的销售部门，并且在几年打拼之后成为销售部主任。一次偶然的机会，他得知公司在甘肃没有设立分销点，因此主动请缨，要求去甘肃拓展市场。尽管他的顶头上司并不赞同，他还是作出了大量的努力，并且直接越级请示了父亲。出乎他的意料，父亲同意了。就这样，踌躇满志的他带着一班人马赶赴甘肃，想在那里大展拳脚。结果，一个月过去了，两个月过去了……半年过去了，他们的工作毫无起色。他不得不回到公司述职，总结自己失败的经验和教训。此时此刻，他当然已经知道了顶头上司说的反对理由都是存在的，而且很现实，因此他深刻地反省了自己，说自己的决策失误给公司带来了很大的损失。对此，父亲只是淡淡地说："我早就知道这个结果，因为你犯的错误公司的前辈也曾经犯过。"他很惊愕，问父亲："那您为什么不拦着我呢？"父亲笑着说："我为什么要拦着你？我拦着你，你会听吗？现在这样不是挺好，你以自己的切身经验给自己上了一课，这比别人说什么都强。"

果然，在职业生涯中，经历了这次挫折之后，他迅速地成长和成熟了起来，成为了公司理所当然的接班人。

假如父亲拦着他，他会改变主意吗？即使改变了主意，也是心不甘、情不

愿的;如果不改变主意,结果将会依然如此。案例中的父亲很聪明,他没有阻拦自己的儿子,而是让他自己去走弯路,去成长和成熟。

人生之中,有些弯路是不必走的,比如前人留下来的经过验证的科学知识等,我们只需要理解、消化和应用就可以了。然而,有些弯路是必须走的,比如人生的经验和阅历等,只有亲自去实践,我们的人生才会更加丰富。

人生有前进也有停止,要奋斗也要休息

人的心态错综复杂。很多人的心态呈现两极化:或者悲观至极,认为事事都与自己作对,自己再怎么努力也不可能有好的转变;或者整日做乐天派,觉得生活一片欣欣向荣,好运会接二连三地光顾自己。人都希望自己是个乐观的人,每天能开怀大笑,并感染身边的人,给他们带去一份好心情。然而,很多事情却总不会尽如人意,能否让自己拥有好心情,更多的是看你怎样看待发生的事情。

世界上最伟大的发明家爱迪生面对烧毁的实验室,并没有伤心和悲观,而是和同事说:"不要紧的,大火烧掉了房子,把我们的错误也烧掉了。"他在困境中看到的更多的是希望。

记得富兰克林曾说:"世界上有两种人,他们的健康、财富,以及生活上的各种享受大致相同,结果,一种人是幸福的,另一种人却得不到幸福。"为什么会有如此不同呢?他说:"他们对物、对人和对事的观点不同,那些观点对于他们心灵上的影响因此也不同,苦乐的分野主要也就在此。"那么这两种人平时所关注的是什么呢?他又说:"乐观的人所注意的只是顺利的际遇、说话之中有趣的部分、精制的佳肴、美味的好酒、晴朗的天空等,同时尽情享乐。而悲观的人恰恰与他们相反。"

哲人说,世间美好的东西尽为乐观者所有,造物者派给他们的使命就是要

第12章 敢于挑战风雨，别只敢走平坦的道路

尽情地占有和享用美好。而悲观的人，一生都在失去，失去快乐、希望、前程和美好的人生。

乐观和悲观是人生的两种态度，拥有乐观心态的人，看任何事情都能看到事物的长处，看到对自己有利的一面，从而看到希望；悲观的人看问题总是盯着事情不好的一面，越看越烦，越看越消极沮丧。

从前，有一个国王，他想从两个儿子中选择一个做王位继承人，就给了他们每人一枚金币，让他们骑马到远处的一个小镇上，随便购买一件东西。在这之前，国王命人偷偷地把他们的衣兜剪了一个洞。中午，兄弟俩回来了，大儿子闷闷不乐，小儿子却兴高采烈。国王先问大儿子发生了什么事，大儿子沮丧地说："金币丢了！"国王又问小儿子为什么兴高采烈，小儿子说他用那枚金币买到了一笔无形的财富，足以让他受益一辈子，这个财富就是一个很好的教训：在把贵重的东西放进衣袋之前，要先检查一下衣兜有没有洞。

乐观者认为，每件事情都有它积极的意义，即使是坏事，我们也能发现它对人生的教益。因此，每个人都应当主动做个乐观的人，而非让悲观的心态长期主导自己的心理和行为。

乐观与悲观这两种截然不同的心态在每个人的心中都会交替出现，没有谁保证自己时刻都是积极的、乐观的。但在更多的时候，我们要引导自己以乐观的心态看待发生在自己和周围的事情。

一位挑水的农夫，他有两个用了很久的水桶，分别吊在扁担的两头，其中一个桶子有裂缝，另一个则完好无缺。在每趟长途的挑运之后，完好无缺的桶子，总是能将满满一种桶水从溪边送到主人家中，但是有裂缝的桶子到达主人家时，却只剩下半桶水。

两年来，挑水夫就这样每天挑一桶半的水到主人家。当然，好桶子对自己能够送满整桶水感到很自豪。破桶子呢？对于自己的缺陷则非常羞愧，对自己的命运感到悲哀，它为只能负起责任的一半，感到非常难过。

饱尝了两年失败的苦楚，破桶子终于忍不住，在小溪旁对挑水夫说："我很惭愧，你还是抛弃我吧！""为什么呢？"挑水夫问道，"你为什么这

么想呢？""过去两年，因为水从我这边一路的漏，我只能送半桶水到你主人家，我的缺陷，使你做了全部的工作，却只收到一半的成果。"破桶子说。挑水夫若无其事地说："我们回到主人家的路上，你留意一下路旁盛开的花朵。"

果真，他们走在山坡上，破桶子眼前一亮，看到缤纷的花朵，开满路的一旁，沐浴在温暖的阳光之下，这景象使它开心了很多。但是，走到小路的尽头，它又难受了，因为一半的水又在路上漏掉了。破桶子向挑水夫道歉。挑水夫温和地说："你有没有注意到小路两旁，只有你的那一边有花，好桶子的那一边却没有开花？虽然你只能为我装半桶水回到目的地，却浇灌了一路美丽的花草。每回我从溪边来，你就替我一路浇了花！两年来，这些美丽的花朵装饰了主人的餐桌。如果你不是这个样子，主人的桌上也没有这么好看的花朵了！"

生活中的很多事情都如那个漏水的水桶一样，能够从不同的方面给予不同的评价，乐观地看待某事，就能发现其中更多积极的意义，这样也能给自己带来更多的快乐。

乐观之于人生，是浮荡在地平线那袅袅升起的热望与希冀，是寻得一份旷达与美好的铺垫与勇气。让我们在乐观中撷取一分坦然，你的面前就会盎然多彩，若在悲观中摘下一片沉郁的叶子，只能瓦解你积蓄的力量。那些不停抱怨的悲观者，看到的总是事情灰暗的一面，即便到春天的花园里，他看到的也只是折断的残枝，墙角的垃圾；而乐观者看到的却是姹紫嫣红的鲜花，飞舞的蝴蝶，自然，他的眼里到处都是春天。

悲观心态的存在是正常的，它并不可怕，只要你学会调整自己的心态，一切困难，都可以克服。

人首先要明白，你越怕，就越会发生什么。因此，一定要懂得积极态度所带来的力量，要相信希望和乐观能引导你走向胜利。

即使处境危难，也要寻找积极因素。这样，你就不会放弃取得微小胜利的希望。你越乐观，克服困难的勇气就越会倍增。

第 12 章　敢于挑战风雨，别只敢走平坦的道路

人要学会以幽默的态度来接受现实中的失败。有幽默感的人，才有能力轻松地克服厄运，排除随之而来的悲观情绪。

弯路，是我们成长必经的练习场

人是贪婪的动物，越是得不到的，越觉得珍贵和美好。有人说，人心总是难以捉摸。给予它多少，它都不会满足；即使拥有了很多，也会更加在意那些没有得到的、不属于自己的东西。羡慕别人所拥有的，感伤自己没有的。或许他还不知道，在艳羡别人的时候，别人也正艳羡着他。

从积极心理学的角度来说，不满足并不是坏事——如果它能够成为你进取的动力的话。人千万不要去盲目地羡慕别人而落入了忧郁的陷阱。别人手里的糖未必比你的甜，真正的滋味只有他们自己最清楚。

从前，有一个年轻人，他要到另一个村庄去办事，途中要经过一座大山。出发之前，家人嘱咐他：如果遇到野兽千万不要惊慌，只要爬到树上，野兽就奈何不了你了。

年轻人走到中途野兽果然出现了，一只猛虎飞奔而来，于是他连忙爬到树上。

老虎围着树干咆哮不已，拼命往上跳。年轻人本想抱紧树干，却因为惊慌过度，一不小心从树上跌了下来，刚好跌在猛虎背上。而老虎也受了惊吓，立即拔腿狂奔，他只得抱住虎身不放。

另外一个路人不知事情的缘由，看到这一场景，十分羡慕，赞叹不已："这个人骑着老虎多威风啊！简直就像神仙一般快活。"

骑在虎背上的年轻人真是苦不堪言："你看我威风快活，却不知我是骑虎难下，心里怕得要死！"

每个人的境遇不同，所获得的感觉也截然不同。当你在心里对别人羡慕不

已的时候，他的荣誉、幸福、成功等也许并没有你羡慕得那么好，正所谓酸甜苦辣只有自己知道。

人似乎有一种非常奇怪的心理，那就是得不到的东西是最好的，总认为别人嘴里的糖都比自己的甜。

这种心态在现实生活中极为常见。

有一天，一对夫妇在逛百货公司，刚好遇上名牌女装特价促销，一群女士挤在一个摊位上选衣服。

太太拿着衣服在身上左比右比，还是下不了决心。"喂！你看这件好不好？"太太希望能从先生那里得到答案。

这时，她一抬头，见到对面有位小姐，手里拿的那件上衣的颜色要比自己手上的好看，款式也新颖一点。

"放下，快点放下……"太太眯起眼睛盯着那件衣服，心里开始默念。

说也奇怪，她的默念果真奏效，念着念着，那小姐竟然就真的放下了。她马上一伸手，抓过那件衣服，身手矫捷、动作利落。

"今天运气可真好！"太太付了钱笑嘻嘻地对丈夫说，"这件衣服差点儿就被那位小姐给抢去了。"

先生扬了扬眉毛笑道："是啊！我想那位小姐心里想的和你一样，她现在正开心地抓着你原先拿的那一件呢！"

萧伯纳曾说，你可知道，人类总是高估了自己所没有的东西的价值。人很容易去羡慕别人，看着别人，对自己已拥有的东西却不在意，也不知道珍惜。许多事情，总是在经历过以后才会懂得。一如感情，痛过了，才会懂得如何保护自己；傻过了，才会懂得适时的坚持与放弃，在得到与失去中我们慢慢地认识自己。其实，生活并不需要这些无谓的执着，没有什么是真的不能割舍。

欲望总是使人念念不忘得不到的东西，于是便认定它才是最珍贵的。由于得不到，所以无限憧憬，穷其一生去追求。哪怕像飞蛾扑火，哪怕像空中楼阁，哪怕像懒汉仰头等待天上掉馅饼，哪怕像沙漠行者奔跑着扑向海市蜃楼。得不到它，你会怅然若失，会绝望，会撕心裂肺地痛。这种感觉会深刻地印在记忆中，

第 12 章 敢于挑战风雨，别只敢走平坦的道路

挥之不去，会时时困扰着思想，影响你的生活。

得不到的东西，你会一直以为它是美好的，那是因为你对它了解太少，没有时间与它相处在一起，当有一天你深入了解后，你会发现，远不是你想象中的那么美好。我们要有这样的幸福心态：对自己已经拥有的，要倍加珍惜；对自己没有的东西，要尽量争取，但不要过分强求。快乐的人生并不需要太多物质的陪衬，而是需要培养自己良好的心态。

第13章
正视质疑,你需要不一样的声音认识自己

生活中,尽管每个人都渴望得到别人的肯定,然而,对于每个人而言,真正不可或缺的都是别人的否定。试想,假如我们从出生就一直活在别人的肯定里,那么我们进步的脚步肯定会显得更加艰涩、更加沉重,因为我们没有机会真正地认清自己。相比起来,没有否定远远比没有肯定可怕。

第13章 正视质疑,你需要不一样的声音认识自己

面对不公正的批评,要坦然以对

在大多数人的字典里,"拒绝"就等同于"否定"。的确,若是一个人得到对方的认同或者赞赏,那么通常就不会被对方所拒绝。遭到拒绝,必定是因为自己不够出色或者达不到对方的要求。因此,就有了因为被拒绝而灰心沮丧、失去勇气的人,原本绚丽的梦想也因为被拒绝而失去了颜色,丧失了热情。是的,没有人喜欢听到"不"字,没有人喜欢尝试被拒绝的滋味,但是正如一切生命中的权利一样,拒绝也是他人的一项权利,我们无法改变他人的决定,却可以改变自己的心情与心态,笑着接受拒绝,将它当作成长所必须经历的阶段,把它当作另一种形式的肯定。

比如,若是有人对你说:"你没有工作经验,而这是我们所必需的。"那么你大可不必因此垂头丧气,相反,你可以笑着对自己、对别人说:"谢谢你说我是一张白纸,因为在一张白纸上作画要比在一张已经被涂抹过多次的纸上作画要轻松得多,也更加容易成功。"假如有人对你说:"你太年轻了,不够成熟。"你也不必因此而感到惶惑不安,相反,你可以充满自信地对自己、对别人说:"谢谢你说我年轻,年轻也是一种资本。因为年轻,所以我更容易接受新的知识和技能;因为年轻,所以我更有冲劲和活力;因为年轻,所以我没有负担,更能够将时间和精力投入事业中去。"这种自信和乐观是自我推销中极为重要的要素,它不但可以令你看上去更富魅力,还可以影响对方的情绪和心态,改变对方的观念和思想。即便是对方不改变心意,那又有什么关系呢?你已经肯定了自己,而这才是成功道路上最重要的一点。

《伤仲永》的故事大家耳熟能详,被誉为"神童"的方仲永因为被成功的喜悦和赞美之声所环绕,最终迷失了自我,"泯然众人矣"。

赢在心态

而明朝嘉靖年间的一位神童却和他有着截然不同的命运，而说起这事情的缘由，竟然是一次"被拒绝"。

这个孩子五岁开始学习经文，六岁时通晓六经大义，十二岁时考中秀才，可谓意气风发、风光无限。然而在他十三岁时，他却生平第一次尝到了"被拒绝"的滋味。

那是在参加乡试时，当时的考官湖南巡抚对他在场上的对答如流大为赞赏，还当场解下腰带赠予他。但是当他走后，巡抚却暗暗吩咐手下，万万不可让他考中举人。

难道是巡抚大人对这孩子的才学不赏识吗？恰恰相反，正是因为他太爱惜这孩子的才华，所以才不忍心让他和许多因为过早显露才华而不思进取的少年一样，荒废了自己。他是要给这个孩子一些磨难和挫折，令他在磨难和挫折中更加茁壮地成长。

果然，这孩子经过这一次挫折之后，更加发奋刻苦地学习，变得更加沉着而稳健，不但三年后第二次一举中的，并且从此后仕途一帆风顺，最后成为一代名相。

他就是明朝万历年间的内阁首辅大学士张居正，中国历史上少有的治世奇才。

又有谁能够说张居正的"被拒绝"不是一种真正的幸运呢？湖南巡抚当初对他的拒绝，不是对他的否定，相反，这是一种极大的肯定与爱惜。因为有了这次失败，张居正或许才更明白成功的可贵，才学会了在一帆风顺的时候戒骄戒躁，在身处逆境的时候不消沉颓废，因此也才有了他人生和事业的腾飞与辉煌。试想一下，假如他年少得志，又不经历一丝挫折，就很容易养成骄傲自满、狂妄自大的性格，而这样的性格在波谲云诡的朝廷上是很难立住脚的，更别谈做一番大事业了。

所以，聪明的你，在遭到别人的拒绝时，不要因此而心怀不满甚至愤恨难平，而是笑着接受拒绝，并将这拒绝当作一种人生的考验和另类的肯定吧！正如丘吉尔所说的："所谓成功，就是不停地经历失败，并且始终保持热情。"

第13章 正视质疑，你需要不一样的声音认识自己

一次又一次的拒绝，才能让你一次比一次进步；一次又一次的拒绝，才能让你变得更加富有勇气和毅力。所以，不要害怕被拒绝，这其实是对你人生的另一种肯定和褒奖。只有拥有这种心态的人，才会愈挫愈勇，才会在成功的道路上将那些因为被拒绝而变得消沉的人远远甩在身后。

自己拿主意，别一味地听从别人

没有人会在遭受拒绝时依然欢天喜地，这一点毋庸置疑。但是也不必为了遭到拒绝而消沉苦闷，甚至一蹶不振、自暴自弃。这是最愚蠢的做法。"此处不留爷，自有留爷处"，这句江湖术语听起来粗俗，但是很有人生的道理。为什么要在一棵树上吊死呢？古人云："树挪死，人挪活。"别人拒绝了你，或许是因为你的确不适合这项工作或这个领域，那么为什么不换个地方试一试呢？或许从此后你就打开了一个完全不同于以往的、更加精彩的局面。

不要担心会被拒绝，拒绝的背后，或许正给你提供了更好的机会。转换一下思路，改变一下视角，人生或许就会因此而不同。

英国通常为就职人员提供高福利和高薪水，但是对于刚毕业的年轻人来说，想找到一份令人满意的工作却并不是很容易的事。一位年仅22岁的英国大学毕业生，虽然怀揣英国伯明翰大学新闻专业的文凭，却一直很难找到理想的工作。为了找工作，他从英国的北方一直跑到了南方，几乎跑遍了整个英国。

这一天，他来到了伦敦著名的《泰晤士报》的编辑部。

他问招聘主管："你们需要编辑吗？"

"不需要。"对方很干脆利落地拒绝了他。

"那你们需要记者吗？"

"也不需要。"

"那你们需要排版或者校对的人吗？"年轻人不屈不挠地追问。

"我们什么都不需要!"对方明显很不耐烦,提高了声调。

"那你们一定需要这个!"年轻人并没有气馁,而是微笑着递过一块制作精美的牌子,上面写着"额满,暂不招聘"几个大字。这一举动出乎招聘主管的意料,他不禁对这个思维敏捷、举止大方的年轻人另眼相看了。经过交谈,他毅然决定录用这名年轻人。

"但是……"主管有些犹豫地说,"其他部门都已经满额了,只有外勤部还有一个名额,你愿意去吗?"

"当然,我很乐意。"年轻人欢快地回答。

在外勤部门,年轻人工作勤勉努力,很快便崭露头角,然后一路提升,最后成为这家全球闻名的大报社的总编。他的名字叫生蒙,如今是一位报业资深的人士。

生蒙早就为自己的被拒绝做好了准备,他没有因为对方的拒绝便灰溜溜地转身离去,而是不屈不挠地再三尝试;即便最后对方并没有提供给他最合适的岗位,他依然愉快地接受,并作出了令人刮目相看的成绩,最后成就了自己的人生。可见,没有人天生注定一定只能从事某个行业,或者从事某项工作,只要顽强拼搏、奋勇当先,任何工作都可以通往成功的顶峰。

不要因为意得志满便狂妄自大,更不要因为被拒绝便妄自菲薄,这世上,"山重水复疑无路,柳暗花明又一村"的奇迹并不少见,关键在于奇迹发生时,你是否已经做好了准备?就像上文的生蒙一样,是金子的话无论放在哪里都会发出耀眼的光芒,所以又何必为了暂时的被拒绝和不被欣赏而伤心难过呢?

被拒绝之后的唉声叹气、沮丧消沉不会改变任何现实,相反,它只会令你的人生之路越走越窄、越走越艰难。所以,聪明的人绝不会在一棵树上吊死,而是会另辟新径,寻找人生新的天地。既然如此,那何不将被拒绝当作人生的一个契机,是上天给你这样的机会,让你去寻找更加适合你的领域和行业。只要有了这样的心态,那么做任何事、在任何行业都能够获得成功。

第 13 章　正视质疑，你需要不一样的声音认识自己

生气不如争气，将他人的轻视化作向上的动力

每个人都想找一份适合自己的好工作：高薪水、高福利、高稳定。但是随着求职大军的日渐膨胀，而社会需求的相对缩水，这种"三高"的好工作对于很多人来讲似乎可望而不可即。尤其对于那些没有家庭背景、没有"贵人"相助而自身又毕业于一些三流大学、缺乏竞争力的年轻人来说，这更无异于痴心妄想。于是，有人便充分发挥出了不屈不挠、百折不回的精神，一次次投简历，一次次被拒绝，大有"不撞南墙不回头"的雄心壮志。这种精神自然是可嘉的，但是并不值得称道。所谓"条条大路通罗马"，何必要一条道走到黑，在求职这条独木桥上挤得头破血流呢？如今无论是国家还是社会，都给了创业者各种政策上的扶持和实际帮助，尤其对于年轻人来说，更是鼓励他们自我创业，实现人生价值。在这样的大环境之下，为何还要忍受一次又一次的失败，在求职的路上迂腐到底呢？不如勇敢地收拾行装，踏上创业的大道吧！

三十多年前，王宇出生在河北廊坊一个贫困的农民家庭。俗话说："穷人的孩子早当家。"当同龄的年轻人还在享受大学校园的浪漫时，王宇却早已开始了边读书、边打工的生活，因为他要负担自己的学费。

然而打工生涯给他最大的收获不是金钱，而是让他学会了思考。在无数个不眠的夜里，他静静地思索："为什么非要给别人打工？难道不能自己给自己打工吗？"这个念头在他的心里越来越强烈，终于，当大学毕业同学们都争先恐后地争抢"铁饭碗"时，王宇却靠着借来的5000元钱开始了他人生中的第一次创业——开烧烤小吃店。

烧烤店的生意很火爆，王宇凭借着自己打工的经验将这个小店铺经营得风生水起，短短几个月就净赚数万元。然而好景不长，由于市政规划改造，王宇

的烧烤店被拆迁了。之后几个月王宇都没找到合适的开店地点，只得进入一家广告公司打工。后来因为生计所迫，他又来到了北京的一家广告公司打工。

在繁华的京城，王宇的创业梦依然没有熄灭，他又想重新开烧烤店。当时很多人不理解，为什么放着安安稳稳的工资不拿，非要冒险去投资、去创业，甚至有人将他的这种行为称为"自杀，就相当于吃老鼠药"。但是王宇不为所动，和朋友合伙，开了他人生中的第二家烧烤店。

然而，第二个打击接踵而来，因为生意太好，合伙人竟然拿着5个月赚的40万元钱和公司的各种文件、印章，凭空消失了。

大家以为这下王宇应该老老实实去打工了，但是王宇却在一次出差的机会中实现了人生的第三次转机。当时他在广州出差，和朋友吃饭时，他对旁边的一家烧烤店产生了浓厚的兴趣。他发现这家店所用的烧烤设备虽然笨重，但是却没有烟尘，比他之前浓烟滚滚的烧烤店显得干净卫生多了。他敏锐地察觉这里面蕴含着巨大的商机，要是能将机器改良一下，变得轻巧、灵便，无烟烧烤的市场必定大得令人无法想象。

说干就干。王宇回到北京后，立刻着手琢磨改造无烟烧烤的炉子。功夫不负有心人，终于，一辆既轻便又实用的无烟烧烤小吃车诞生了，而就是这不起眼的小吃车，两年内竟然创造了两亿元的利润。王宇成了名副其实的"小吃大王"、亿万富豪。

王宇的成功绝不是个例。每年，从求职的人流中退出，通过创业实现致富梦想、实现人生价值的年轻人比比皆是。在他们的身上，我们看到的不是因循守旧、墨守成规，而是别出心裁、另辟蹊径。不要说如今"铁饭碗"已被打破，有的人就算拥有安逸、稳定的工作，他们也常常选择毫不犹豫地放弃，投身于创业大军，成为时代的弄潮儿。那么作为走在时代前列的年轻人，又何必在求职的道路上举步维艰呢？不如学一学王宇，学一学比尔·盖茨，勇敢地为自己的人生做一次主，说不定中国的胡润富豪榜中，也终有一天会出现你的名字。

毋庸置疑，创业是充满艰辛的，充满了不确定的因素，但是敢于拼搏的人才最有资格看到风雨后的彩虹。创业会让你充满激情，令你敢于面对各种困难

第13章 正视质疑，你需要不一样的声音认识自己

和险阻，而你的自信与毅力便在创业的过程中逐渐形成。即便创业失败，但你所获得的无形财富则是你人生中最为宝贵的，它们是你的无价之宝。有了这些无价之宝，还会担心你无法成为一个成功的人吗？

被歧视，更要抓住机遇实现改变

假如有一天，别人惊异地对着你叫道："你是不是疯了？"那么恭喜你，你或许离成功就不远了。

古往今来，有多少曾被人们视作疯子的人最后作出了大成就：当孙中山对着被封建制度奴役了两千多年的中国喊出"推翻帝制、建立共和"时，大家都认为他是疯子，皇帝是至高无上的天子，怎么可以被打倒呢？但就是在这个疯狂的人的领导下，中国真的实现了"起共和而终帝制"。当布鲁诺因为支持哥白尼的日心说，并发展宇宙无限说时，人们也认为他是一个疯子，甚至将他烧死在罗马的鲜花广场上。但后人通过事实终于证明，正如他临刑前所呼喊的那样："火，不能征服我，未来的世界会了解我，会知道我的价值。"被称为"计算机狂人"的乔布斯也是常人眼中的一个"疯子"，因为他喜欢打破常规，超越现实，不按规则出牌，当他说出"将昂贵稀有的电子产品平民化"时，不知有多少人嘲笑他痴心妄想、异想天开，但最后他终于做到了，iMac、iPod、iTunes、iPad、iPhone等电子产品风靡全球，深刻地改变了现代通信、娱乐乃至生活的方式。

这样的例子数不胜数，在大多数人的眼里，这些人都与疯子无异，然而正是他们的这一股子"疯"劲儿才引导其走上了成功的道路。这世上无数伟大的奇迹都是那些被称为"疯子"的人创造的，而他们之所以能够获得成功，就在于他们的特立独行、标新立异。

在中国，俞敏洪的名字可谓家喻户晓，而他的经历也被人们津津乐道。

赢在心态

或许从一开始，俞敏洪的骨子里就有一股子"疯"劲儿，他先后参加了两次高考，但是都名落孙山，原因都是英语不过关。第三次高考时，需两个小时完成的英语试卷，他只用了40分钟就交卷了。当时他的英语老师勃然大怒，甩了他一个耳光，但他却说自己确实只需要40分钟。结果出来了，俞敏洪的英语考了95分，被北大录取。这短短的一年时间，若没有这股"疯"劲儿，俞敏洪又怎么可能实现这样的蜕变？

凭借着出色的英语成绩，俞敏洪一入校就被分在A班，但是一个月后又被分配到了C班——"语音语调及听力障碍班"，甚至英语老师都当众说他讲英语只有"俞敏洪"三个字能被别人听懂。俞敏洪的"疯"劲儿又上来了，他一天背诵十几个小时的英语，最后大学毕业时，被北大英语系留校任教。

北大任教四年后，俞敏洪分到了一套十平方米的房子。正当他意气风发，准备大干一场时，却因为在外创办培训班而受到了处分。俞敏洪没有像一般人那样受到处分后夹起尾巴做人，反而高调辞职。在寒风怒号的冬夜，他骑着自行车，将手写的招生广告贴遍了北京的大街小巷。大家都说他这一次肯定是疯了，放着北大的教授不做，去梦想成立什么"中国最大的民营教育公司"。但事实证明，俞敏洪的疯狂再一次将他推上了成功的大舞台：他所建立的新东方教育学校已经成为不折不扣的中国最大的民营教育机构，而他自己也被称为"中国最富有的老师"，被评为最具升值潜力的十大企业新星之一，以及20世纪影响中国的25位企业家之一。

俞敏洪创造了中国教育的神话，很多人称他为"留学教父""教师首富"，但是万通董事局主席冯仑却称他为"三流文人+痞子精神"。对于这个"痞子精神"，冯仑的描述是："其实我更喜欢用疯长的野草来形容，我喜欢那种状态，如野草般强韧，疯狂地成长，恣意的蔓延，霸气地扩张，好不快慰！"而俞敏洪身上所具有的这股子"疯"劲儿则正是他获得成功的最关键要素。

其实所谓的"疯子"，不过是比常人更多了一份对事业的执着和追求，他们的激情和生命力在无所顾忌地喷薄之后，总能获得绝地逢生的勇气和超乎常人的意志力。正是有了这份勇气和意志力，所以他们才能无知无畏，不瞻前顾后，

第13章 正视质疑，你需要不一样的声音认识自己

一个劲地向着自己的目标冲、冲、冲！这就是别人眼里的疯子，实际上是对目标的心无旁骛、追求极致。有了这样极端的热诚和专注，就有了常人难以企及的爆发力和战斗力，对自己所热爱的事业百折不挠、执着不悔。只要坚持下去，这股子"疯"劲儿就一定能够带你走上成功的巅峰！

成功者敢于走"疯子"的路

　　无论对于求职成功还是自我创业的人来说，"转行"都不是一个轻易能说出口的字眼。就像一个运动员，已经跑出了一大截，突然要求他回到起点，重新来过，这对任何人来说都不是一件轻而易举的事情。但是当目前的职业或工作已经妨碍了你的成长，或者看不到未来的希望，变得犹如一块"食之无味、弃之可惜"的鸡肋时，转行或许不失为一个明智的选择。

　　转行与普通的跳槽不同，后者只是简单地在地点上的转换，从一家公司转换到另一家公司，而从事的依然是以前的工作；而前者则是职能或行业的大跨越，甚至有时是两者结合的根本性转化，对于一个以前从未接触过的岗位或行业，心有顾忌自然也是理所当然的。但是当你目前所从事的行业已经没有了前途，或者你已经完全对它丧失了兴趣，工作对于你来说已经变成一种煎熬时，为什么还要死死地固守阵地、毫不动摇呢？硬撑终究不是办法，最后不但辛苦了自己，也无法获得事业上的成就，白白地荒废了岁月和青春。

　　吴岩在大学时学的是市场营销专业，因为气质好、形象好，加上外语出色，所以毕业后顺利地在一家大公司找到了秘书工作。但是由于人漂亮，难免会受到上司的骚扰，于是没过多久，她便辞职了。

　　找工作对于吴岩来说并不是一件难事，但她两年内换了三家公司，都遇到了同样的问题。后来，经朋友介绍，她去了一家世界五百强企业，并很快被提升为总经理秘书。然而不久，吴岩又萌生了去意。

朋友很不解，问她是不是又受到了上司的骚扰。吴岩赶紧摇头，说："总经理是个素质很高的人，他很尊重我，从来没有过这方面的问题。"

"那你究竟是为什么？"

吴岩沉默了一会儿，终于道出了原因：原来她早就对秘书工作产生了厌倦心理，身为秘书，无论做到多么高层，其实也就是一个高级保姆，整天整理资料、接听电话、安排行程，做的工作实在没有挑战性，丝毫不能让她有任何成就感，而且还荒废了自己在大学所学的专业知识。吴岩本身是一个活泼、外向的女孩，但是秘书工作需要她严谨内敛，所以她做得很痛苦，但是却不知道自己该如何是好。

朋友听了她的话，松了一口气说："其实你根本没必要离开。这么好的公司很难再找到，而且总经理也十分欣赏你。为什么不试着在公司内部换一个部门，从事另一项工作呢？"

"你的意思是让我转行？"吴岩吃惊地问。她犹豫了，"我能行吗？自从毕业后我就没做过其他工作啊！"

"没有尝试，怎么就认为自己不行呢？"朋友笑着回答。于是吴岩暗下决心，给自己一个机会。

几个月后，朋友接到了吴岩的电话，她很开心地告诉朋友，自己已被调往市场部，目前主要负责采购工作。她一边工作，一边抓紧时间学习，争取今后向国际采购方向发展，让自己成为国际化人才。

类似吴岩的苦恼相信很多人都曾经遇到过，有的人选择了沉默，有的人选择了转行。虽然并不是每一个选择转行的人都能像吴岩一样找到人生的意义，实现自己的梦想，但是将自己禁锢在一个已经完全失去兴趣的行业中是没有任何意义的。

俗话说："三百六十行，行行出状元。"只要选对了行业，加上不懈的努力，就一定能够作出一番成就。但是选对行业有时并不是很简单的事，甚至可能会走不少的弯路。不要贪图眼前的安逸，假如你觉得目前的行业并不是你想从事的，或者并不能为你的前途带来光明的话，不如勇敢地转行。不要害怕失

第 13 章 正视质疑,你需要不一样的声音认识自己

败,人生若没有尝试,就永远无法看到远处的风景。2004 年诺贝尔生理学和医学奖的得主查德·艾科瑟尔原本的爱好是文学,在大学时所学的专业是语言学。但是当他发现自己的兴趣与特长是生物学时,便毫不犹豫地选择了霍普金斯大学的医学院,继续自己的研究生学习,最后终于获得了人类生物学和医学的最高成就。

人生不止一种选择,人生也不止一种精彩。假如你对现状不满意,或者禁锢了你的发展,那么就不要犹豫,找准适合你的行业,加强自我塑造,提升职业能力后,果断行动、主动出击,你的人生必将呈现另一种精彩!

第14章
何惧碰壁，
你只需要转个弯

自我推销是现代社会获得成功的重要途径之一，没有那么多的伯乐去发现你，假如你是千里马，就要鼓起勇气将自己推销出去。但是并不是每一次的自我推销都能获得成功的，或许你会失败，或许你会碰壁，但最重要的是要记住：无论怎样都不要丧失对自己的信心。何不将碰壁看作是对自己的另一种肯定？或许你并不适合你所想推销自己的那个领域，那么就到其他领域去试试吧，或许你会发现另一个天地。

第 14 章 何惧碰壁，你只需要转个弯

拒绝，是提醒你转换一种思路

有这样一则寓言故事：一个花农每天挑着两桶水去花园浇花，有一天突然发现，他每日要经过的小径一边竟然长出了许多美丽的鲜花，而另一边却依然是光秃秃的一片。他仔细查看，才发现原来有一只水桶的底部有些漏水，而他自己却没有察觉。正是这无意间滴漏的水，天长日久后竟然浇灌出了一片美丽的鲜花。

世间有很多事情便是这般奇妙，当你费尽心思去做一件事，却迟迟难以成功，而往往无意间的一个举动却能让你获得意想不到的收获。古往今来，无数的发明与成功都是在无意间产生的：生物学家亚历山大·弗莱明因为忘记清洗实验用的玻璃培养皿，而发现了杀死大量细菌的新霉菌——青霉素，这或许是人类有史以来医学领域最重要的发明；美国自学成才的工程师珀西·勒巴朗·斯宾塞在运行磁控管时，无意间发现粘在裤子上的巧克力棒被融化了，思维敏捷的他立刻意识到这是由一种肉眼看不到的辐射光线造成的，于是微波炉诞生了；哈里·库珀博士原意是想研制一种原子弹瞄准镜上所使用的塑料，但是因为发明的材料黏性过大而被他扔进了垃圾桶，过了许多天，当他想清理垃圾桶时，却发现怎么也无法将材料与垃圾桶分离了，于是有史以来黏性最强的万能胶便问世了。具鲁迅和郭沫若远渡日本，原本为着学医救人，但最终却成为了一代大文豪；著名影星刘德华进入艺校，原本是想成为编剧和导演，但是在老师的鼓励下，最终却成了中国艺术圈中少有的"常青藤"……凡此种种，用中国的一句古话来概括，便是："有意栽花花不开，无心插柳柳成荫。"

19 世纪中叶，美国西部发现大片金矿，吸引了无数淘金者趋之若鹜。21

岁的李维斯也成了其中的一员,跟随着无数做着发财梦的淘金者来到了荒无人烟的矿山。

多如蚁群的淘金者和一望无际的帐篷很快击碎了李维斯发财的美梦。许多淘金者穷尽一生也没有淘到金子,最终穷困潦倒,失意而归。但是身上流淌着犹太人血液的李维斯并没有打道回府,有着经商头脑的他决定放弃在土里淘金子的计划,改从淘金者身上挖掘出他想要的金子。于是他用身上所有的钱开了一家经营日用品的小杂货铺,专门销售淘金工人的日用百货,生意竟然十分火爆。

赚了钱后,李维斯为了扩展业务,将所有的钱都用来购进了一大批搭帐篷和马车篷所需的帆布,他远以为这是淘金者们必不可少的物资。但由于帐篷和马车篷不属于易耗品,所以他的帆布竟然无人问津。李维斯看着滞销的一大堆帆布愁思不展,资金无法回笼,他的小店将面临倒闭的危险。

有一次,他见一个工人向他的小店走来,他赶紧迎上去热情地推销他的帆布,而那个工人却摇着头抱怨道:"你为什么不进一些耐磨的裤子呢?我们的裤子都是棉布做的,没多久就被磨破了。"淘金工人无意间的一番话却令李维斯灵光一闪:"为什么不把帆布做成裤子,再卖给工人们呢?"果然,用帆布制作的工装裤结实耐用,很快便被一抢而空。从此,李维斯牛仔裤诞生了,并风靡全球,100多年畅销不衰。

李维斯的成功可以说是"无心插柳柳成荫"的典范。然而从概率上说,上天提供给每个人的机遇都是一样的,只不过有人抓住了,而有人却让它悄悄溜走了。有时候,你身上所蕴藏的能量或许是你自己都无法意识到的,当环境突变或者机遇来临时,你若也能向李维斯一样"灵光突现"、另辟蹊径,也一定能够成功,从此开创一个新的局面。

当然,所谓的"无心"并不是指真正的毫无准备。俗话说:"机遇总是垂青那些有所准备的人。"若想使自己具备抓住机遇的能力,就一定要在平日里有意识地培养自己的能力、提高自身的素养。那些看似偶然的发明或者成为成功者的人,其实都是早有准备的。能力与素养不是与生俱来的,而是在平常的

学习与工作中一点一滴地积累起来的。当别人去娱乐、玩耍的时候，你多一点时间看书、学习，就能多具备一些当机遇来临时抓住它的能力。

所以，不要哀叹你目前境遇或者工作的不如意，生活就像一位独具慧眼的伯乐，假如你身上真正具有出众的能力和才华，便必然不会令你长久湮没于众人，而你所要做的关键便是不断地完善自我、提高自我。当有一天能力爆发时，你便能领略到"无心插柳柳成荫"的美妙意境了。

当现在的工作变成鸡肋，你还犹豫什么

一个人有没有本事是怎样界定的呢？无非就是他手中握着什么，每个人手中总有自己特殊的禀赋，只不过他自己没有发现而已。年轻人说自己没有本事，无非是认为自己年轻没有历练过，学历低，甚至比别人的头脑慢一点，被别人嘲笑笨，除此之外还有别的吗？要知道本事这种东西包括更广的含义。

也许你并不聪明，但你确定自己的运动细胞也不好吗？还是动手能力也比别人差，还是不会与人交往，没有专注力？一个人不可能一无是处，当你觉得自己一无是处，是因为你还没有发现自己的长处在哪里，并不说明没有。"这个世界并不缺乏美丽，而是缺少发现美丽的眼睛"，一个人一定要仔细寻找自己的长处在哪里，哪怕是一点小小的长处。

大仲马在成名之前，穷困潦倒，有一次他跑到父亲的老朋友那里，请他帮忙找工作。父亲的朋友问他："你能做什么？""没有什么了不起的本事。""数学精通吗？""不行。""懂物理吗？或者历史？""什么都不知道，老伯。""会计呢？法律如何？"大仲马满脸通红地说："我真惭愧，现在我一定要努力补救我的这些缺点。我相信不久之后，我一定会给老伯一个满意的答复。"他父亲的朋友对他说："可是你要生活啊。将你的住处留在这张纸上吧。"大仲马无可奈何地写下了他的住址。他父亲的朋友见了大仲马的字后，高兴地说："你

的字写得很好啊！"大仲马备受鼓舞，从此以后就坚定地踏上了文学之路，并最终成为一代文豪，震动法国，震动世界。

人一定要努力寻找自己的长处，哪怕这个长处再微不足道，因为它是你信心的源泉，是你走向成功所握有的唯一武器。不要说自己没有本事，那是因为你还没有找到，在这个世界上，谁都不会一无是处，只有善于挖掘自己的"宝藏"，才能创造奇迹。

不但如此，本事这件事并不是固定的，现在你一无所长，并不等于将来你也会一无是处。只要有足够的努力，每个人都可以拥有自己的一技之长，现在也许你不如别人，但只要你每天都能进步一点点，很快你就可以超越别人，甚至成为一个很优秀的人。

那些有大成就的科学家，他们小时候无一例外地被别人嘲笑过笨：爱因斯坦小时候动手能力很差，小板凳都做了三个却还非常粗陋；诺贝尔化学奖得主奥托·瓦拉赫曾被老师评为"不可能在文学上有前途""在绘画艺术方面的不可造就之才"，大多数人都觉得他成才无望；成功学大师卡耐基曾被评为"公认的坏男孩"，连父亲都评价他是"全郡最坏的男孩"。可是最终这些人都通过自己的努力成为世界上最成功的顶尖人物。

所以，现在没本事，没优势，代表的仅仅是过去一个时段的事情，只要相信自己，不断奋进，不断进步，终有一天，你也能够闪耀自己的光辉。不要纠缠于自己没有出人头地、自己没本事的念头，本事都是学出来的、积累出来的，只要你相信自己，就一定会有出路。自信对于成功的作用至关重要，就算有再多的人否定你，你也不要否定自己，因为人生的成败最终还是握在你自己手中的，如果你自己放弃，那就真的无可挽救了。

年轻人不要轻易否定自己，觉得自己不够聪明，就要不断努力充实自己，增加自己的经验，觉得自己眼界不够广博，就要增加自己的阅历，不断学习和阅读，走不同的地方，你的见闻终有一天能够广博。每个人都有缺点，如果你能够弥补，或者避开，你就是完美的，上帝公平赋予了每个人一项特长和技能，所以不要说自己没有本事，而要善于发掘自己的本事，善于培养自己的优势。

第 14 章 何惧碰壁，你只需要转个弯

只要相信自己，你的人生就有无限可能。

一个成熟的人懂得如何让自己拥有信心，当他们仅仅有潜能的时候，他们不会轻易否认自己、放弃成功，而会召唤自己的努力和热情，发掘出自己的优势，培养出本事，这样再平凡的人都会走向成功。

不要沮丧，被拒绝了也要迎难而上

这是一个崇尚特色、彰显个性的时代，而人云亦云、亦步亦趋则只恐会被人嘲笑。于是，每个人都竭力地想表现出一个与众不同的自我，想走一条不随大流的小径；然而小径多荆棘、坎坷，不但一路行来磕磕碰碰，以致遍体鳞伤，而且耽搁了宝贵的时间和青春。那么为什么不寻找一条捷径呢？这捷径便是模仿。

不要认为模仿便低人一等，在没有能力创新的时候，模仿也是一种能力，一种本事。模仿可以借鉴他人的成功范例，学习他人的成功经验，令自己少耗费时间、少走弯路。其实，人类的历史便是一个不断模仿、超越和创新的过程。人们在模仿中提高自身的能力，加上不断创新和改进，最终形成自身的特色。人类模仿鸟儿在天空飞翔，最终发明了飞机；人类模仿鱼儿在水中潜伏，最终发明了潜水艇。

古今中外，多少人和企业以模仿起步，最终实现了超越和突破。比如风靡于国内外的模仿秀节目中，许多人因模仿名人的出色表演而声名大噪，最终名利双收。他们有的满足于做山寨翘楚，有的则一战成名，踏入了娱乐圈。如因模仿赵本山而出名的"赵本水"；因模仿一曲《我只是个传说》而蹿红网络、最后被本山大叔高调收为入室弟子的张仪天；因模仿杰克逊而出名，如今身价倍增、频繁出演、甚至与国际巨星Vitas共同拍摄电影《一夜成名》的浩天等。他们都是以模仿别人开始，最终实现了自己的人生梦想。

赢在心态

美国零售业巨头沃尔玛是世界上最大的连锁零售企业，它的创始人山姆·沃尔顿就是一个善于模仿，尤其是善于向竞争对手模仿和学习的人。

在刚刚涉足零售业时，用山姆自己的话来说，那就是"尽管我有信心，但是我在经营杂货商店方面却连一天的经验都没有"。怎么办？没关系，最简单有效的方法便是学习他人的成功经验，尤其是模仿那些已经成功的竞争对手们。

当时，在山姆的商店对面有一家斯特林商店，对于店主约翰·邓纳姆所做的一切，山姆都细心观察、留神学习。对方的价格标注、商品陈列和经营之道，都是他学习和模仿的内容。他还经常到对方的商店里转悠，看到新的经营方式便立刻模仿学习，纳为己用。尽管这使得对方很恼火，但是他却不为所动，通过这种方式，他逐渐成长为一个强有力的竞争对手。

对于山姆来说，他奉行的是拿来主义，只要是对自己有益的，他全部统统拿来，你的就是我的。从他开始管理第一家独立商店起，他使用的就是之前管理本·富兰克林店时使用的会计制度，因为他在会计核算方面没有任何经验，在大学时所学的会计学也是成绩平平。这一套来自别人的会计制度为山姆提供了宝贵的经验，节约了大量的时间和成本。直到沃尔玛连锁店开了五六家之后，他才逐步建立了自己的会计系统。

如今，沃尔玛面临巨大的电子商务压力，它又果断地仿效对手亚马逊的线上支付模式，先是允许网购者在实体超市对网购商品支付，进一步降低网购的门槛；紧接着又宣布，将在美国超市设置取货柜网络，利用实体店优势促进网络零售。

沃尔玛的成长过程就是一个不断模仿、学习，然后创新、超越的过程，这也是很多个人与企业的成功之道。有人或许认为模仿是创新的大敌，因此往往将之冠以"抄袭"的恶名。实际上，模仿也是一种创新的途径，将别人的成功模式化为己用，正是聪明人最智慧的做法。伏尔泰曾经说过："独到性就是明智而审慎的模仿。"美国俄亥俄州立大学教授石家安也认为，商界行为与自然界物种演进没有很大的区别，都是依靠模仿、进化来战胜对手获得生存和发展空间的。因此，模仿并不是创新的天敌，无论对于个人还是企业的发展，两者

第14章 何惧碰壁，你只需要转个弯

同样重要。我国企业管理界也有一句名言——"创新就是率先模仿"，意思就是要在学习和模仿过程中孕育着创新，要善于学习和模仿世界上最好的东西来实现跨越式的进步。

当然，正如俄国著名作家克雷洛夫所曾经说过的那样："模仿别人，必须头脑清醒，然后收效才能宏大；可是没有头脑的模仿，却要铸成大错。"模仿加上创新，变成自己的模式，并在实际操作中根据具体的情况不断改进，才能保持生命力的长盛不衰，否则最后也难免面临被淘汰的结局。

放宽心，努力足够总会成功

年轻人不要抱怨自己没有机会，其实机会就在自己身边，赚钱需要有能够发现财富的眼光。只要有了这种眼光，你会发现到处都有成功的机会，到处都有财富。所以，年轻人不要气馁，不要抱怨，从现在就开始锻炼自己发现财富的眼光才是最重要的。

世界上成功的机会多的是，就看你能不能用自己独到的眼光发现机会。世界上有如此多的财富，可是财富的分配却并不公平。财富的聚集遵循什么样的规律呢？拥有怎样的眼光才能发现它呢？这与一个人是否在生活中仔细观察，处处用心有关，同样也与一个人的财商有关。一个善于观察的人往往能够看到别人看不到的商机。

一位植物旅行者来到一个十分偏僻的地方观察植物，偶然间他发现一大片兰花。经过仔细确认以后，他认定这是兰花中的极品——佛兰。旅行者觉得这是上天给他的机会，因为佛兰是很有价值的观赏植物，极罕见，而且价格不菲。不久旅行者回到了城里，带回的几十株佛兰让赏花专家眼前一亮，那些卖花的钱更是让他成为富翁。

这位旅行者为什么能够获得巨大的成功？笔者认为有三点：第一，他善于

观察，即使在极平常的地方也能够观察到财富。想象一下，如果他是一个对什么都视而不见的人，想必佛兰早就与他擦身而过。第二，他在自己熟悉的领域有着丰富的知识和信息。如果他不是一个植物学家，大概只把这些极品佛兰当成普通的小花而已。第三，他不是一个书呆子，而是有着极高财商的人。一个植物学专家，就算认出佛兰，大概也只懂得它的稀有，而好好考察一番，看看它的属性、它的特质，而不一定知道它的市场价值，即使知道也不一定认为它应该从山中被带走来到俗世之间，如果是那样的话，他肯定也会与巨大的财富擦肩而过。

所以，想要取得成功，就应该有这些特质，这些与眼光有关的东西，是我们获取财富的首要条件，如果没有的话，就算把黄金摆在我们面前，大概也只认为是一块颜色鲜艳的金属块而已。

年轻人要懂得自己真正需要什么，当你真心在追求财富的时候，就应该知道，哪些东西和信息在你这里意味着财富。有时候，即使看到满眼的财富，它不是属于你的，挖掘它也不过是浪费时间而已。我曾听过一个小故事，在淘金的年代，一对父子听说一座山上有着金矿，就把那座山买了下来，自己掘金。但是花费了近十年时间却没有任何收获，于是把这座山卖了。买这座荒山的人是一个地质学家，他通过自己的勘探，认为这座山的确蕴藏着黄金，于是请人帮他在藏金的山脉间挖掘，果真开采出了不少金子，只不过距离那对父子挖的地方有十几米而已。

所以说这个世界上虽然遍地黄金，但并不是任何人都能赚到。比尔·盖茨只能赚电脑软件的钱，如果让他在船舶业发展，大概要赔惨了。能够在你熟悉的领域，拥有自己独特的眼光和赚钱的决心，即财商，你才可能真的获得成功。

时刻注意周围的信息，只有足够的信息才能为自己发掘赚钱的道路，一个人如果闭门造车，天天坐在家里等待机遇，大概馅饼是不会掉在他头上的。一个信息灵通的人，会在平淡中发现神奇，在普通中发现特殊，在别人看不见的领域发现获取财富的机遇。一定要不断扩展自己获取信息的渠道，因为那很可

第 14 章 何惧碰壁，你只需要转个弯

能对于你就意味着获取财富的机遇。

记得中国技工刚刚出现短缺的那几年，一位朋友通过报纸得到了这一信息，并迅速成立了一家技工培训学校，现在他每年都向那些制造业发达的地区输送不少技术人才，也为自己带来了大量财富。

通过训练每个人都能够拥有一双发现的慧眼，年轻人不要再抱怨自己没有机会，睁大眼睛寻找自己身边的机遇吧。

不妨先去模仿，而后实现超越

经验固然能够使你走向成功的步伐更快一点，但是经验并不是全部，不可能代替能力、信念等，一个年轻人想要走向成功，不能仅仅靠经验，因为这不是你的强项。

和那些三十多岁甚至四五十岁的人比，你所具有的这一点经验一点优势都没有，想要在这方面赢过别人就等于痴人说梦。不过这不等于你就没有成功的机会，经验是优势，同样也是桎梏。一个人如果经验丰富就有可能总凭经验做事，忘了创新，思想也会陷入某些条条框框而无法摆脱，解决起事情来也总会受思维定式的束缚。这样看来有经验本来是好事，但是因为经验陷入直觉和习惯，就是一件可怕的事情了。

励志圣经《羊皮卷》曾经对经验有着如下评价："经验确实能教给我们很多东西，只是这需要花费太长的时间。等到人们获得智慧的时候，其价值已经随着时间的消逝而减少了。经验和时尚有关，适合某一时代的行为，并不意味着今天仍然行得通。只有原则是持久的……"

那么，我们要追寻的其实就是某些持久的原则，比如经营，比如坚持。年轻人想要获得优势，就要靠经营。经营什么？怎样经营呢？只有明白了这些，我们才可能获得更长久、更牢固的优势。

赢在心态

那么年轻人普遍的长处到底在哪里呢？怎样去经营才可能更出色？年轻人想要获得成功，一定要在以下几个方面下功夫。懂得经营最基本的几个方面，你才可能得到最长足的发展，才可能在某些领域获得全面的成功。

首先，用知识武装自己的头脑。有句话说得好："你可以白手起家，却不可能赤手空拳。"这是一个信息大爆炸的社会，知识作为一种资本，将成为你取得成功的最基本手段。一个人没有学历不重要，但是如果没有头脑，那么他将一事无成。无论是从做事过程中吸取经验，还是通过学习、深造来获得知识，都必须要保证自己有一个"一流的头脑"。头脑专业是优势，头脑灵活也是一个优势。

尽可能在工作之余多看看专业书籍，多了解社会动向，每天都增加一点智慧，每天都进步一点点，每天都要学习。投资于自己的头脑，将是这个世界上最划算的投资，它会在日后的事业中让你受益无穷。年轻人一定要勤于学习，经营自己的学习力，经营自己的头脑。

其次，人脉经营。这一点大家都很明白，很多年轻人现在都特别重视在工作中的人际交往和培养自己的人脉关系，需要提醒大家的是不要过于功利。"朋友是人生的一大笔财富"，但并非所有的人脉关系都属于"朋友"这一种，能够分清最好，但能够重情义，"买卖不成仁义在"更好。

再次，经营自己的信念。这一点不好理解，但是人生是需要规划的，这一点想必大家都清楚，能够出色规划自己的职业人生或者说事业人生，一个人才可能走向成功。如果你自己对未来的事情没有一个计划，既没有目标梦想，也没有具体步骤的计划，那么成功只会离你越来越远。所以，经营自己的人生就是逐渐在头脑中清醒构建出自己的未来，规划出自己每一步的战略。

最后，经营自己的习惯。一个人有着怎样的习惯，对于他的人生影响巨大，好的习惯带他走向人生的辉煌，不好的习惯会让他反复在失败中煎熬。想要成功就必须从现在开始就培养自己良好的习惯，包括积极正确的金钱观念、处世观念、成功观念，甚至细小的习惯动作，都要培养。

第14章 何惧碰壁，你只需要转个弯

一个毫无背景的年轻人凭什么能够脱颖而出，最终超越他的同龄人和比他成熟的那些人。答案就是对自己人生的成功把握，成功经营，只有这样才能够真正成功。经营使你进步，优化你的生活和事业，使你有目标，清醒地活着，只有这样的生活状态，才能使你超越那些迷茫而浑浑噩噩的人。

成熟就是懂得让自己的生活更清醒一些，更理智一些，有明确的目标和企图，明明白白地过日子，不要得过且过。这就是经营的好处，是一个人成熟的表现。

第16章
大胆尝试，
别再对自己说"不"

　　三十岁之前你可能还没有出人头地，不过这并不重要。对于年轻人来说，现在有什么结果并不是重要的，也是不现实的，重要的是你有什么想法。想法和观念决定了你会有什么样的行动，最终会有什么收获。重视自己拥有的，不断为自己的人生寻找出路，才会有不俗的成就。重视成长的过程，重视成长过程中自己的收获和经验，才可以把自己的人生带向你希望的地方。

第15章　大胆尝试，别再对自己说"不"

自我肯定，相信自己能做到

每个人都有自己不同的赚钱方式，可是每种方式赚到多少钱却是不一定的，有的人一天到晚忙忙碌碌、辛辛苦苦，可是赚到的钱却只够自己的生活所需，而那些看起来并不那么忙碌的人，也许一天比你一生赚到的财富都要多。这是为什么，只不过是因为一个人赚钱的方式不同决定的。

有的人靠体力赚钱，靠的仅仅是劳动的双手，如果他一天没有劳动，那就没有收入。而有的人靠自己建造的某个系统赚钱，就算他某天没有工作，可还是有财源滚滚而来。一个人赚钱能力的高低，用什么方式积累财富，是与他的工作方式有关的。

有这样一个小故事：美国的一个摄制组，找到一位柿农，表示要买他的柿子。于是柿农找来了自己的同伴，用带弯钩的长竿将柿子勾下来，同伴在下面用蒲团接住，一勾一接，配合默契，大家还相互谈笑风生，唱歌助兴，美国人把这些有趣的场景都拍了下来。临走的时候，那些美国人付了他们钱，却并没有拿走那些柿子。柿农都很奇怪，其实并不奇怪，因为他们就是靠这些纪录片来赚钱的，他们的目的并不是柿子，而是由柿子产生的信息产品，那才是真正值钱的东西。

农民们忙了一年所带来的财富，却远远不及这一段小小的纪录片。所以说，人不要仅仅凭着体力劳动或者技术来赚钱，还要学会思考，学会用自己的创意来赚钱。很多年轻人可能说自己没有创意，没有创造新事物的能力。其实，创意不仅仅是创造新事物那么简单，它可以只是一个新鲜的想法，一种稍稍改良的做法，不要轻视这些微小的创意，也许它们就可以给你带来巨大的财富。只要你勤于思考，勇于尝试，就会有不俗的表现。

就算再好的想法创意都是需要尝试的，在尝试一件事情之前，不要急着去否定它，只要有了新鲜的想法，就应该去试一试，只有行动才能带给我们足够的财富。如果像人们说的"晚上想了千条路，早上还是沿着老路走"，那就不可能有任何的进步，更不可能奢望积累更多的财富。

创造财富一定要勇于尝试，不断找出自己可以改变的地方，找出目前做事方法的缺点和不足，然后试着进行改造，也许就可能产生新的创意。

美国摩根财团的创始人摩根，原来并不富有，夫妻二人仅仅靠卖鸡蛋维持生计。但聪明的摩根善于观察，善于思考，他看到人们总是喜欢买妻子的鸡蛋，弄明白了原来是人们眼睛的视觉误差，使自己大掌中的鸡蛋变得小了。于是他立即改变了自己卖鸡蛋的方式：他用浅而小的托盘盛鸡蛋，果然销售情况有所好转。但他并没有因此而停止思考研究，既然视觉误差能够影响销售，那经营的学问就更大了，于是，他对心理学、经营学、管理学等进行了研究和探讨，终于创建了摩根财团。

对于成功来说，有创意固然重要，然而敢于尝试的态度则是更重要的。年轻人如果怕这怕那，总是囿于自己原本的见识，不敢冲出自己的生活圈子，总是害怕自己的生活会变得更苦，那么他永远都不会与财富结缘。所有那些成功的人士，都曾经冒过一定的风险，当过第一个吃螃蟹的人。俗话说"富贵险中求"，安安稳稳的生活注定是不可能与财富结缘的。

只有善于思考，对自己的想法勇于尝试的人，才可能取得更大的成功。就算你的想法并不是那么完善，不是那么成熟，你也可以进行尝试，然后在实践中去完善自己的想法，没有任何一件事情，是在一开始就非常顺利的，但如果你不进行尝试，将与成功无缘。

"超人"剃须刀在中国的电动剃须刀中占到了市场份额的21%，但是创始人应家兄弟的创业之路却是非常坎坷的。开始的时候，应家兄弟是做电器配件的，有一次大哥到山西出差，看到人们在排着队买电动剃须刀，于是就特意到上海买了一个回来，大家都觉得这个东西很好，很有市场，于是决定做电动剃须刀。

第15章 大胆尝试,别再对自己说"不"

几个兄弟开始了繁忙的业务联系,但是订单有了,生产的事情却让他们大伤脑筋:当地的塑料加工工艺没有优势,很多零件要到全国各地去采购,增加了成本,不但如此,因为没有经验,剃须刀还出现了质量问题。但是失败并没有击败他们,他们又一次从市场、技术等方面做了详细的调查和分析,最终从刀片上打开缺口,开始了自己的事业。而今,"超人"与飞利浦、博朗、松下并列全球四强。

可见创意对于创业固然重要,但是最重要的还是尝试的勇气,只要有勇气进行尝试,就有可能用自己的方式创造财富。勇气就是年轻人最大的财富,最强的力量,我们要谨记此点,用勇气来开创自己全新的人生。

不惧失败,失败总和成功毗邻而居

涉世之初,如果我们凭着一己之力大概是很难有什么大的成就的,那些登上成功顶峰的人,大多接受过"贵人"的扶助。贵人不可能无缘无故地来到我们身边,更不可能无缘无故地帮助我们,人生中的机会和贵人都需要我们自己去寻找。

可能很多凭着自己能力工作的年轻人,都会觉得不平衡,为什么别人的父母在社会上有那么多关系,而自己却要靠着能力在最底层拼搏?很多人都希望自己能遇到赏识自己的人,把自己带到一个能够展示自己能力的位置上,其实这样的机会并不是没有,只是,肯定不会无缘无故被你碰到。

千里马之所以会为"伯乐"寻找到,是因为绝佳的奔驰本领和稀有性,这个世界上千里马稀少,而有才华的人却比比皆是。每个人都想要寻找他心目中的"千里马",寻找有才华的人,但是他们肯定是从自己的身边找起,决不会注意一个毫不起眼的人。一个人想要被别人找到或者找到你的贵人,就必须有与众不同的地方,就必须有吸引人眼球的能力,才可能被找到、被重用。人生

的贵人,需要我们自己去寻找,甚至需要我们自己去培养,这不是朝夕之功,想要成功,就必须付出更多的努力。

贵人要靠自己去寻找。韩愈在成名之前曾经寻找过很多出仕的机会。他写信拜会宰相,写信给襄阳大都督要求引荐,给韦舍人,他的不少拜谒之词最终成为千古名篇。每个希望在某个领域有所成就的人,都应该积极寻找成功的办法,而寻找自己的贵人,无疑是一种捷径。贵人并不会时刻在我们身边等待着发现我们,要靠我们自己去寻找,自己去接近。

贵人凭什么要帮助你,一个人怎么会无缘无故地帮助另一个人呢?有些人有关系,是因为有交情,或者是希望建立互惠的关系。别人不会无缘无故地赏识和重用一个人,所以必须让自己身边的贵人看到自己的能力,看到自己可以帮他实现的价值,贵人才可能赏识、器重、帮助你。想要得到贵人的帮助,就要证明自己的价值,证明自己值得被帮助,还要愿意帮助别人成就事业,当然同时也就成就了自我。

当然,可能有一些人能够遇到"贵人"完全是因为"机缘",如果我们能够秉着善良的原则做事,说不定在我们帮助别人的同时,别人也会心存感激,而成为我们的贵人,来帮助我们。

寻找自己人生的贵人是一件不容易的事情,首先要表现自我。在公众场合表现出自己与众不同的能力,让伯乐能够看到你,认识到你的与众不同,知道你的存在,意识到你可以帮他,这是让伯乐快速找到千里马的一个好方法。现实中有很多适合年轻人表现自己的机会,比如公众面前的演讲机会;自己可以在某个项目中建立功勋;当公司遇到瓶颈问题的时候,你能够想到很好的解决方式;当决策者有一个巨大的错误决定时,你能够坚决阻止等,这些统统是表现自己的极好机会,不要错过,也许因此你就将获得贵人的赏识和重用。

其次,积极去寻找贵人。对于那些可能帮助你、可能成为你贵人的人,要积极与他取得联系,向他讲述你的志向和想法,让他承认你,认可你的才干,愿意帮助你。MySee总裁高燃曾拿着电子商务的计划书在电梯中堵过杨致远,

第 15 章 大胆尝试，别再对自己说"不"

虽然没有结果，但是他这种积极寻找"贵人"的行为是值得效仿的。然后他还通过采访远东集团董事长蒋锡培的机会，向他讲过自己的请求，最终在蒋锡培的资助之下，创立了 MySee。一定要有自己的想法，如果你觉得身边的哪个人能够成为你的贵人，一定要积极谋划接近这个人，找机会向他讲述自己的想法，这样才可能找到属于你的机会和贵人。

最后，培养自己的贵人。贵人不单单可以通过寻找获得，也可以培养对自己有帮助的人。比如某些人虽然目前处在落魄阶段，但他的能力和魄力注定了他能够东山再起，这时候我们不妨帮助他摆脱困境，那他自然就会成为我们登上人生顶峰的"贵人"。

历史上著名的红顶商人胡雪岩，他的发迹正是从他资助友人王有龄开始的。王有龄原已捐了浙江盐运使，但无钱进京，胡雪岩慧眼识珠，认定其前途不凡，便资助了王有龄五百两银子，让其速速进京谋个官职。后王有龄在天津遇到故交侍郎何桂清，经其推荐到浙江巡抚门下当了粮台总办。王有龄发迹后并未忘记当年胡雪岩的知遇之恩，于是资助胡雪岩自开钱庄，号为"阜康"。之后，随着王有龄的不断高升，胡雪岩的生意也越做越大，除钱庄外，还开起了许多的店铺。"士为知己者死"，在别人落魄阶段培养的自己的"贵人"，帮助起你来自然不遗余力。

想要有所发展，想要获得贵人的帮助，当然就要从自己的手边做起，不能一心想着别人无缘无故就帮助你，你首先要证明自己的实力，善于帮助别人，才有可能使别人愿意帮助你。

成功不是靠经验，学会发挥自己的优势

只要一个人有眼光、有想法，一切问题都不再是问题，资金可以申请银行贷款，专家当然也可以聘请，甚至可以和有专业素质的人合作。阿里巴巴的马

 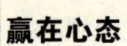

云曾有过这样一句经典的语录:"我为什么能活下来?第一是由于我没有钱,第二是我对 Internet 一点不懂,第三是我想得像傻瓜一样。"

一个人不可能在每个行业都非常精通,可是一个公司要经营下去要用到很多专业知识,最起码的财务知识一定会用到,你从事的领域的专业知识一定会用到,你不可能同时精通这些东西,怎么办?当然要请人替你打理。如果这样讲的话,每个人都可以创业,都可能成功,现实并非是这样,成功属于那些有头脑、有想法的人,一个想法可以价值百万元。

怎样的想法才可能帮助你取得成功呢?就是寻找大家都需要的东西,然后让专业人员帮你打造这种东西,实实在在地创造价值,这样的想法就能够帮你取得成功。生活中我们永远都会有感觉麻烦、不方便的地方,永远都会有需求,找到这种需求,并找到解决的办法,就是一个人的创意,就是成功的基础。

一个人一定要每天坚持思考,一定要真正弄懂自己想要做什么,在你没有弄明白之前,你一定要积极寻找一种途径,怎样才可以利用自己所有的东西来建立一种系统,而这个系统可以帮你带来源源不断的财富。这就是想法,只有具有某种想法,并坚持为自己的想法而奋斗,不断为人们提供便利,最终你才可能成功。

霍英东在做房地产以前,从来没有涉足过这个行业,他一直从事海上航运业务,可在那时,他就预料到香港航运事业的繁荣必将带来金融贸易的发展,又将促进房地产的开发。于是他抢先把经营重点转向了房地产开发。开始,他也和别人一样,自己花钱买旧楼,拆了后建成新楼出售。可是由于资金少,发展比较慢。后来,他想出了自己的办法,采取房产预售的方法,利用购房者的定金来盖新房!这就是所谓的"卖楼花"。这一创举使霍英东的房地产生意大大兴隆起来,一举打破了香港房地产生意的最高纪录。

霍英东从来就不是房地产方面的大腕,但是因为他有想法、有眼光,创造了"卖楼花"这种崭新的营销方式,使他的资金周转一下子快了很多,最终这一想法成就了霍英东。我们也要有自己的想法,旧的行业可以有新的发展模式,新行业更是如雨后春笋,层出不穷。我们面对如此多的创意,一定要有自己独

第 15 章 大胆尝试，别再对自己说"不"

特的眼光和思维方式。

只要你决定自己要成功，就要不断地为自己寻找道路，寻找方法。想法怎样来？就是不断想着自己怎样才能成功，事事留心，处处观察，这样自然能够找到一条道路。有想法就要做下去，这就是成功的秘诀。专业让你对某个领域更精专，也许能够帮助你更快得到发展，但它却不是成功唯一的出路。

成功需要专业人员的帮助，但并不是所有的专业人员都能够成功，专业是技术，但是仅依靠技术却绝不足以获得成功，获得财富。现在很多加盟企业，都是把自己的技术专利转让给其他人，让更多人用他们手中的钱帮你赚钱。所以，专业技术并不是成功的桎梏，只要你有好的想法，有好的创意，不仅仅可以让专业人员帮助你，还可以借助别人的专业技术。关键是你能够创造一个好的盈利模式，有好的想法，有创造性的思维，敢想敢做，才可能成功。

很多人都觉得任何事情自己解决了才能够显示出自己的智慧，因此，不惜花费更多的精力，浪费更多的时间来钻研自己丝毫不熟悉的领域，这样的人就算再聪明，也不可能有更大的成就。

你应该把思想集中到那些可以为你带来收益、带来财富、带来成功的地方，如果你是一个点子特别多的人，就应该整合自己的想法和别人的专业技术，别人拥有的资源加上自己的创意，计划就可能成功。

永远不要为自己没有的懊恼，要为自己拥有的东西想出路、想方法，这样就算你本身有一样本领，你就可以出人头地。

第16章
别纠结于取舍，
拿得起也要放得下

人的一生，要面对诸多的选择，是坚持还是放弃，是选择还是逃避，是满足还是放纵……人生之道就在于懂得取舍，能进退自如，拿得起也要放得下。不让自己为情所困、为事所困，该争取时争取，该放下时则放下。

第 16 章　别纠结于取舍，拿得起也要放得下

取舍之间，提高你的悟性

现代社会的生存压力之下，竞争日趋激烈。于是每个人都钻进自己给自己找的牛角尖里，举步维艰出不来。人生是为了什么？我们要活得开心，最关键的要素是什么呢？聪明如你，一定知道该执着时要执着、该放弃时要放弃的道理。只有放弃了苦恼，才能与快乐同行。生活中，有时不好的境遇会不期而至，搅乱我们的生活，让我们猝不及防，这时我们更要学会放弃，不要以为所有的执着都是褒扬，有时候，执着只是一种固执，只是当局者迷，发现不了。

在非洲，人们抓捕狒狒有一套十分奇特的方法。他们将狒狒爱吃的食物高高举起，故意让躲在远处的狒狒看见，然后把这些食物放进一个口小里大的洞中。等人们走远，狒狒就会欢蹦乱跳地过来，把爪子伸进洞里，紧紧抓住食物，但由于洞口极小，它的爪子握成拳后就无法从洞口抽出来。这时，人就可以不慌不忙地过来收获猎物，根本不用担心狒狒会跑掉，因为它们舍不得那些可口的食物，越是惊慌和急躁，越是将食物攥得紧紧的，爪子就越无法从洞中抽出来。于是，最终白白搭上了性命。

其实，狒狒只要稍一松开爪子，放弃食物，就可以溜之大吉，但它们却偏不！这就是愚蠢的固执。人如狒狒，然而人已是高级的动物，我们有完善的大脑与缜密的思维。作为理性的人，我们不是无意识的狒狒。那么我们就必须学会放弃，善于放弃，不盲目执着。要知道，必要之时只有放弃，才会柳暗花明又一村。

我们常常说，执着的人值得赞许，因为他不抛弃、不放弃。然而有时，放弃才是另一种选择，才是一种大智慧，更是一种勇气。盲目的执着，只是愚公移山，即便最后移动了，也不知枉费了多少气力，有这样的工夫，不如早早放手，转移方向，获取的成功也许远非一座"山"。有时执着只是一种自欺欺人的固执，

赢在心态

就好比失业者不肯放弃僵化的择业观念，整日萎靡不振、怨天尤人；好比失恋之人不肯放弃已经逝去的那段感情，把自己弄得失魂落魄、心灰意冷；好比赌徒不肯放弃"可能会赢"的侥幸心理，以致血本无归、倾家荡产！凡此种种，都看出执着有时是多么要不得！

摒弃多余的东西，不要让昨天的错误成为今天惩罚自己的刽子手。一味地执着，不肯放手，只会占用大量的时间和精力，而让很多真正该做的事情没有做，让真正的梦想失去实现的机会。人生如戏，戏如人生，执着于一段撕心裂肺的恋情，执着于一份未能得到的工作，执着于一个已经犯下的错误，执着于一件未能完成的事情。这么多执着，有多少意义？能弥补什么？执着于这些或他人或自己的过失，带给我们的又是什么？除了茫然伤神，除了失意黯然，还有什么？有多少年轻人，在这种执着之中，让青春白白流逝，让时光匆匆溜走。当执着成为一种固执，它就不再是"执子之手，与子偕老"的感动，而是一种自怨自艾，是一种冥顽不灵。

1996年春，12名攀登珠穆朗玛峰的登山者死于暴风雪，而另外一位登山者却保住了性命，因为他在距峰顶仅300米时转身下山了。

对于克洛普来说，登顶对他意义重大。如果他在不携带氧气的情况下能够成功登顶，将刷新珠峰攀登的世界纪录。但是他需要花费45分钟的时间到达峰顶，如果那样做就会超过安全的时限，无法在夜幕降临前下山。那次遇难的12名登山者中，大多数人都登上了峰顶，但遗憾的是他们都错过了安全返回时间。克洛普经过几周休养之后，终于登上了珠峰，更重要的是他毫发无损地回到了家乡。

如果克洛普与其他登山者一样，执着于登顶，则必然与他们一样，将失去最宝贵的生命。克洛普放弃登顶时，有没有过犹豫？有没有过挣扎？肯定有，大家都往上走，只有他放弃，他需要多大的力量才能说服自己啊！但是他最终作出了最正确的决定。

不执迷于贪欲虚名，不执迷于权力角逐，不执迷于金钱诱惑，才能放弃不必要的执着，才能快速到达目的地。我们的人生就像繁花，绽放斑斓之时必有

第16章 别纠结于取舍，拿得起也要放得下

终将凋零的烦恼；我们的人生就像红烛，浪漫温馨之际定会留下斑斑泪痕。所以，在人生旅途中，我们不应让自己盲目执着于无谓，沉重而无奈地前行，放下这份固执，去拥有一份好心情，去撷取人间瑰丽的风景吧！

不固执，在该放弃时勇敢放弃，是明智之举，是顿悟之果。而主动地去放弃，更是一种坦荡的心境与博大的胸襟，不固执，对感性的人而言，更是一种勇气和魄力。诚然，永不言弃通常是人们嘉奖的精神，但有时舍弃却是为了更好的明天。在充满种种诱惑的今时今日，我们要学会舍弃，更要善于舍弃。聪明的舍弃会使我们离成功更近，而有时的固执却会让我们在错误的路上越走越远。因此，该舍弃时就舍弃，为了一棵小树而放弃一片森林，就不是执着，而是固执。适时放弃，有所坚持，有所放弃，只有这样，我们的内心才能更平衡，不盲目固执，也许才是人生的捷径。

舍弃是一种心灵净化的艺术

古人云：失之东隅，收之桑榆。都说"得不到的东西最美丽"，其实适时放弃，才会有更多的希望。既然明知不可能得到，又何必为此朝思暮想？不如把这份美丽保留心中，去珍惜尚在身边的那些被我们忽略的美与爱。一个人如果不懂得适时放弃不属于自己的东西，就不会珍惜身边的美好，实则是放弃了自己更多的希望。而在适当的时候，坚强地放弃，顺其自然，反而往往会在不经意间找到真正适合自己和属于自己的东西，而这便是当初适时放弃带给自己的希望。

适时放弃，有时不尽然是真的再也无所得，而是为了真正的"得"。

普希金在一首诗中写道："一切都是暂时的，一切都会消逝，让失去的变为可爱。"有时，失去未必是忧伤，却有可能成为一种美丽；失去不一定是损失，也许是一种希望。只要怀着积极乐观的心态，让自己变得更可爱，让自己的生活更美好，那么该得到的总归会得到。

赢在心态

适时放弃是自然界万物生长消亡的规律，也是人生的一种成长方式、一种人生艺术。人生需要执着，但执着不正是因为众多的舍弃才闪耀出特有的光华吗？人生需要适时的放弃，在该放弃的时候放弃，才能迎来最后的成功。所以说，掌握适时放弃的功力就掌握了做人的底线，适时放弃也是成功人生的一堂必修课。你仔细去观察，凡是聪明优雅的人，心态都很好，需要他放弃时，他笑一笑，就放下了。你以为他真的是无欲无求吗？其实不尽然，他是为了更多的希望啊！

"中国门王"韩兆善一手打造了"盼盼"这一知名品牌。刚开始时，韩兆善经营的是宫灯牌铁皮档案柜，而且卖得很火，到1990年已实现产值2800万元，利税240万元，成为东北同行业的第一大户。但是，就在这个时候，韩兆善却决定放弃生产铁皮档案柜而生产防盗门。结果招来许多非议。有人说，档案柜卖得好好的，搞什么防盗门？有人断言，防盗门是一个走下坡路的行业，没什么前途，要想把这个行业做大很难。还有人认为，防盗门没什么科技含量，也形成不了产业。韩兆善反问："生产档案柜就能一劳永逸吗？不说外省，就说省内，光沈阳就有十几家生产档案柜的，市场还能拓展多少？不知什么时候就没饭吃或被挤掉了。档案柜只适合企业、机关，市场有限，而防盗门适用千家万户，这是一个无限广阔的市场。"

韩兆善经过两年的市场调研和技术攻关，不久就生产出八点锁紧的防撬门，产品一上市，即获得了满堂彩。由于产品的转型成功，使盼盼的产品不但在国内市场占了先机，而且又把市场转向了海外。

假如没有当初对生产铁皮档案柜的放弃，那么，今天的市场上还有韩兆善的立足之地，还会有"盼盼"这个品牌吗？有人说，人生之难胜过逆水行舟，此言得之。人生在世，不如意之事十之八九，取舍之难时刻困扰着我们。有的人因此把自己的生活搅得支离破碎，有的人因此陷入迷乱茫然，这时，请记住，不要消极，尝试站在一个全新的角度，用积极乐观的心去重新看待生活中的点点滴滴，你会发现，原来答案就在那个不显眼的角落，原来只要在适当的时刻放手，一切都会"柳暗花明又一村"。只有这样，我们才能轻松、愉悦地走过人生的风风雨雨，才能在不长不短的一生中不留遗憾。

人尤其需要懂得适时放弃，以宽松我们的心灵，驱散密布的乌云，清扫我们尘封已久的心房。适时放弃，人生才能有爽朗的心境，生活才会充满灿烂的阳光。适时放弃是一种境界，是历尽跌宕起伏后不屑于世俗的眼光，是饱经人间沧桑之后淡泊于财富的心情，是运筹帷幄、充满自信的自然流露。只有在自信满怀之后，只有在领悟玄妙之后，才会懂得适时放弃并善于放弃，这之后才会迎来明天的希望，才能获得真正的成功。因此，我们在争取的同时，也要懂得学会适时放弃，退一步、忍一时、放一放，聪明如许，谁知道你会不会是最后的赢家呢？

明白了适时放弃的道理，并运用于生活，我们就能从无尽的烦恼中解脱出来，我们的心就不会那般沉重，我们就能坦然应对各种人、各种事，在人生的道路上进退自如，豁达大度。也许一转身，你就看到了崭新的希望与崭新的美好！

放下心灵的重担，让自己活得轻盈一些

大海是一个无穷的宝库，因此，在海边生活的大多数人靠海吃海，他们在大海中捕鱼，也利用天然的海水养殖鱼虾，还有人靠给游客驾船出海为生。可以说，大海是他们的衣食父母。然而，终日和大海打交道，每天都要驾船出海，除了平静的大海之外，几乎每一个赶海人都曾经见识过大海暴躁的一面。愤怒的大海简直要吞噬一切，它怒吼着，撕扯着一切在它怀抱中的东西。一个从未见过这种情形的人无疑会心惊胆战，然而，对于一个终日与大海打交道的渔民而言，暴躁的大海也依然是可亲的。这就像是生活。每个人都在生活的怀抱中摸爬滚打，有的时候，我们运气很好，总是能够顺心如意地得到生活的馈赠。然而，有的时候，命运却和我们开玩笑，厄运接踵而至，使人无法招架。这个时候怎么办呢？难道赶海人见识过大海的暴躁之后就再也不和大海打交道了吗？当然不可能。无论生活怎样捉弄我们，只要还活着，我们就必须面对这

一切。就像每一个赶海人都曾经历过风暴一样，每一个活着的人都要经历命运的严峻考验。

无论出身高贵还是卑贱，每个人的人生都不可能是一帆风顺的。面对生活的暴风雨，假如我们退缩了，那么就无法面对未来的生活。因此，我们唯一能做的就是勇敢面对。正如一个赶海人在大海上遇到了风暴一样，此时此刻，怨天尤人管什么用？后悔莫及有什么用？他所唯一能做的就是积极地求生，永不放弃。

在海明威的《老人与海》中，讲述了这样一个故事。

整整八十四天了，古巴老渔夫圣地亚哥一直出海，却始终毫无收获。对此，很多渔夫都嘲笑圣地亚哥，说他是个不折不扣的失败者。然而，圣地亚哥自己却不这么认为。在别人的嘲笑与质疑中，他再次一个人出海捕鱼。最终，他发现鱼儿上钩了，然而，这是一条巨大的大马林鱼，甚至比老人的船还要长两英尺。老人尽管已经年纪很大了，并且捕了一辈子的鱼，但是他却从来没有见过这么大的大马林鱼，甚至连听都没听说过。这条大马林鱼的力气很大，圣地亚哥根本不是它的对手。然而，面对着自己的猎物，圣地亚哥没有想过放弃。就这样，他和小船被鱼拖着漂流了整整两天两夜。在这两天两夜之中，老人经历了前所未有的考验。有好几次，大鱼差点儿把小船拖翻拖垮，即使如此，老人也没有放弃。他不顾一切地与大鱼搏斗，最终把大鱼刺死了。老人把大马林鱼拴在船边，准备起航回家。出人意料的是，在回家的路上，大马林鱼的血腥味招来了鲨鱼，它们疯狂地扑向这个硕大的食物，尽管老人拼尽全力地与鲨鱼进行了殊死搏斗，然而，还是没能阻止一群群前来"挑衅"的鲨鱼吃掉了他的猎物。最终，老人把大马林鱼带回了家，尽管大马林鱼只剩下一副光秃秃的骨头架子了。

在《老人与海》中，很多人都喜欢一句话，即"一个人并不是生来就要被打败的。人尽可以被毁灭，却不能被打败。"这是小说中圣地亚哥老人所说的话，揭示了深刻的人生哲理。老人有着不屈服的精神，面对着变幻莫测的大海，面对着比自己的小船还要长两英尺的大马林鱼，面对着成群而至的闻到了血腥味的鲨鱼，他始终没有想过放弃。这就像是人生，除了本身的变幻莫测之外，

第16章 别纠结于取舍，拿得起也要放得下

还总是有一个个意外和不幸接踵而至。而对于老人而言，尽管他在几天几夜的搏杀之后只带回了大马林鱼的骨架，他也依然是人生的胜利者。对于我们而言，也是如此。在面对人生的过程中，我们所追求的未必是结果，而只是永不屈服的过程。只要尽心尽力，即使失败了，又如何呢？其实，对于成功和失败，每个人都有自己的评价标准。也许在悲观者眼中，圣地亚哥老人是失败了，而在乐观者眼中，圣地亚哥老人却是永远的强者。这正像某位音乐大师所说的："我可以被摧毁，但我不能被征服。"

我们不是渔夫，但是我们却是在生活的大海上弄潮的赶海人。只要活着，我们就必须面对生活的风风雨雨，无处可逃。既然怯懦解决不了任何问题，为什么我们不像圣地亚哥老人一样成为一个不屈不挠的硬汉呢？！记住，每一个赶海人都曾经历过风暴，每一个活着的人都曾经历过生活的风风雨雨。强者永远不会抱怨和放弃，而只是一味地坚持，永不言败。

学会放弃，过分执着就是固执

"失败是成功之母"，这句话我们早在小学时代就已经耳熟能详了。然而，知道是一回事，真正能不能做到则是另外一回事。尽管很多人都知道这个道理，但是在生活、学习和工作中，当学习成绩不尽如人意的时候，当工作中遭遇瓶颈无法突破的时候，当生活遇到挫折的时候，你是否能够在沮丧之余鼓起勇气重新开始呢？你是否知道失败并不可怕，重要的是从失败中吸取经验和教训重新开始呢？当道理遭遇现实问题的时候，每个人的表现肯定都是一样的。为此，我们很有必要认真地琢磨，琢磨这句话，将其贯彻于实际。

前文我们说过，这个世界上没有"万事如意"，不过，与此相反，失败和不如意倒是人生的常客。若是人人都能顺心如意，想到什么就能实现什么，那么这个世界上就将人人都是成功者了。纵观历史长河，有史以来，人类历史上出现了无数值得我们尊敬和钦佩的成功者。那么，他们为什么能够取得成功呢？又为什么大多数人都与成功无缘呢？其实，所谓成功者未必比失败者更加聪明、能力更强，而是他们对待失败的态度更正确、更理智。大多数失败者之所以一直失败，是因为他们一旦失败了就自我放弃，甚至自甘堕落。相比较之下，那些伟人之所以能够出类拔萃、名留青史，就是因为他们能够客观冷静地对待失败，从失败中总结经验和教训，然后以失败为进步的阶梯向着成功迈进。要知道，在现实生活中，成功并不是失败的简单积累，而是对失败的认真总结与不断超越。如果你不能清楚地认识到这一点，就会产生一个错觉，即认为"失败越多越有可能成功"。没有反思和总结，没有不断的超越，失败只能是毫无意义的。在数学领域，自从著名的平行公理问世以来，无数人质疑它，更有很多数学家致力于求证它，但最终都以失败而告终。为了证明平行公理，数学家波里埃把自己毕生的心血和精力都投入其中，最终在绝望中离开了人世。正当无数人被平行公理的验证折磨得不堪忍受的时候，罗巴切夫斯基在七年的求证过程中寻找到了失败的原因，最终从本质上认识了问题的本质，从而获得了成功。从罗巴切夫斯基获得成功的经验中我们不难发现，假如仅仅把"失败是成功之母"作为一个口号，那么失败的人就永远也无法获得成功。而只有经过不断的探索和科学的分析，从失败中总结经验，吸取教训，才能使失败转化为成功的阶梯。

　　除此之外，对待失败的心态也很重要。假如失败之后一蹶不振，那么无论如何也无法与成功结缘。只有积极地面对失败，把失败当成是走向成功的一次契机，才能从摔倒的地方站起来，重整旗鼓，东山再起。"西楚霸王"项羽是个威震天下的大英雄，原本，他的人生会更加辉煌，但是他却因为在垓下之战中遭遇惨败，自觉无颜面对江东父老，于是在乌江边自刎了。如今想来，当时刘邦只是以多欺少，而项羽根本没有必要发出"无颜再见江东父老"的感慨。当时，假如他能听他人的劝告，返回江东重整军马，也许能够"卷土重来未可知"。所以，我们应该端正自己的心态，正确地面对失败与成功。

　　爱迪生是伟大的发明家，因为家境贫困，他只读了三个月的书就离开了学

第16章 别纠结于取舍，拿得起也要放得下

校。不过，凭借着对发明的热爱和不懈探索，他一生之中正式登记的发明竟然高达1328种，因此他被人们称为"发明大王"。如今，我们生活中离不开的电灯就是爱迪生发明的。

为了找到合适的材料做灯丝，爱迪生和助手们先是用白金试了很多次，却发现白金因为熔点较高总是不时地自动熄掉再自动发光。后来，爱迪生又试着用钡、钛等稀有金属作为灯丝，依然不理想。一个偶然的机会，爱迪生想到棉纱的纤维比木材的好，也许可以用来做灯丝。因此，他马上从围巾上扯下一根棉纱进行试验。就这样，爱迪生和助手们反复试验，尝试了一千多种材料，最终才选择了钨丝。看着自己研制出来的电灯，爱迪生非常满意。对于一生之中的无数发明，爱迪生说："发明是百分之一的灵感加上百分之九十九的血汗。"

的确如此，假如爱迪生在研究灯丝的过程中半途放弃了，那么，人类也许就要晚一些才能迎来充满光明的世界。正是因为爱迪生带领助手不停地试验，不断地探索，才为人类及早地带来光明。可以说，几乎每一项发明都凝聚着发明家的心血，没有任何一项发明是从天而降、唾手可得的。

不仅发明如此，做任何事情都是如此。一件再小的事情，轻易放弃的人也是无法取得成功的，只有锲而不舍的人，才能距离成功越来越近。"失败是成功之母"，我们除了要牢牢记住这句话之外，更要正确地对待失败，理智地从失败中吸取经验和教训，最终踩着失败的阶梯迈向成功之巅。

大胆选择，别给人生留下遗憾

你是否每天都背着沉重的行囊，疲惫前行？你是否每天都在给自己很多目标、很多要求？你是否一直纠结于生活的细枝末节？可爱的人，问问你自己，这些是否重要到让你每天带着严肃的面孔，是否重要到让你失去轻松纯真的

笑容?

在短暂的生命中,苦乐相随,没有人会永远一帆风顺,亦没有人会永远生活在水深火热中,家家有本难念的经,每个人都有自己的烦恼,不同的是,人们对待愁苦的态度。面对生活中的磨难,有的人成了怨妇,隐的人失去了冷静和智慧,而也有一种人,他们反而如花苞绽放,拥有了更加成熟淡定的隽永气质。这种人,就是聪明人。

聪明人懂得为自己"减负",卸下包袱,轻装上阵。面对生活负担或者苦痛,举重若轻,该舍弃的时候舍弃,因为他懂得,只有彻底地卸下包袱,才能跟悲伤告别,同负累告别,与过往的自己告别,才能真正走向成熟,继续前行,成长为更美好的自己,拥有更美好的人生。

有一个人觉得每天不堪生活重负,没有丝毫的快乐可言。于是,他去请教一位德高望重的哲人。哲人把一只竹篓放在他的肩上说:"你背着它上路吧,每走一步都要从路边捡一块石头放在里边,看看是什么感受。"那个人虽然大惑不解,可还是按哲人说的去做了。可刚走了几百步,他就感到背负太重受不了了,因为竹篓里已经装满了沉重的石头。"知道你每天为什么不快乐吗?是因为你背负的东西太沉重了,它已经把你的快乐压抑殆尽了。"哲人从竹篓里一块一块地取着石头说:这块是"功名",这块是"利禄",这块是"小肚鸡肠",这块是"斤斤计较"。当大半篓石头被扔掉后,那个人背起竹篓走起路来感到从未有过的轻松。

卸下包袱,内心才能恢复宁静,身心才能得到休息。生活中其实有很多美、很多快乐等待我们去挖掘、去发现,然而因为我们庸人自扰,总是把一些莫须有的东西背上身,比方一个职称、一笔钱、一段已逝的感情、一些他人的期望……其实我们应该对自己好一点,很多东西并不如我们想象得那样重要,是我们自己把它们背上身,并且又扩大化。

把过去的一切甩在身后,卸下身心包袱,让心灵回归最初的宁静,重新规划新的生活。我们往往知道这个道理,却很难做到。因为只有你不再受过去一些因素的影响时,你才能保持平和健康的心态,才能正确地把握将要发生的事,

第 16 章　别纠结于取舍，拿得起也要放得下

去获取新的成功。卸下包袱，做画家手中的那张干净的画布，这样才能画出最美妙的图画。每一天都是崭新的开始，每一天都需要付出全部的努力，都需要认真地对待，只有卸下昨天的包袱，才能真正一丝不苟地去应对每一个环节和细节，才能把事情做好，才能过好未来。

有一个富翁背着许多金银财宝去寻找快乐，可是，走过千山万水也未找到，于是他沮丧地坐在山道旁。这时，一位农夫背着一大捆柴草从山上下来。富翁说："我是个令人羡慕的富翁，为何没有快乐呢？"农夫放下沉甸甸的柴草，舒心地擦着汗水说："快乐也很简单，放下就是快乐呀！"富翁恍然大悟：是啊，自己背着沉重的珠宝，既怕人偷又怕人抢，还怕被人谋财害命，整天提心吊胆，快乐从何而来？于是，富翁放下财宝，并用它接济当地的穷人。从此，富翁不再担惊受怕，忧心忡忡，反而因为帮助了穷人，得到了穷人的感激和爱戴而快乐起来。

人之一生，需要我们放弃的东西太多太多，如果不是自己应该拥有的，我们就要学会放弃。几十年的人生旅途，总会有坎坎坷坷、风风雨雨，有所得也必然有所失，只有我们学会了放弃，卸下包袱，才能轻装上阵，才会活得更加充实和轻松。就好比这个富翁，放不下，于是快乐不起来；而放下那些身外之物，卸下了无谓的负累后，他才真正拥有了快乐。

聪明的人啊，无论你的梦想和目标是什么，过去的都已经过去，现在才是真正的开始，立即拿出行动，跟昨天挥手告别，这样才能实实在在地看到明天的希望。许多人总是忽略这一点，结果以失败告终。也许在你需要卸下包袱的那一刻，你会犹豫、会怀疑，但是只要迈出这一步，继续前进就不会再有困难，因为你不再有负累，你的心是轻松的。

成功，其实就是这么简单，忘却过去，刷新自己，才能获得更多灵感。人也一样，把勤劳致力于当下，致力于未来；远离偷懒，掌握自己的命运，踏踏实实地做事，把握生命的每一分钟，就有可能实现理想，就能接近成功。患得患失、过分计较自己的利益，则成了世俗中的芸芸众生，将会成为我们获得成功的大碍。面临任何情况时都应尽量保持平常心，适应一种生活，就必然要放

弃某些观念和欲望。放弃得当，我们就会解脱各种羁绊，打破各种禁锢；甩掉"包袱"，我们才能轻装前行，才能更快、更好地适应角色。

一切的不可能都只存在于我们心中，人总爱给自己设框架，以为放不下，其实放下了，也不过如此。任何担忧、任何迷茫、任何恐惧和退缩都于事无补，任何时候都要坚信，只有跟失败的昨日告别，才能看到明天的希望。别人能做到，你为什么做不到呢？只要你心存希望，满怀信心，每一天的太阳都是新的！

第17章
凡事靠自己，
用自己的双手争取你想要的幸福

生活中，有很多人一遇到困难就手足无措，就像天要塌了似的。他们仓皇四顾，恨不得能找到一个人大包大揽地对他说："你放心吧，一切都交给我了！"在这个世界上，除了父母之外，谁会这么义无反顾地为你撑起一片天。而终有一天，父母也会老去，他们也需要我们的照顾。此时，你应该怎么做呢？你还能靠谁呢？你唯一能做的就是靠自己。不要一遇到困难就想得到别人的帮助，因为别人的帮助只是一时的，只有依靠自己的能力解决困难，你才能真正地成长、成熟起来，有所担当。

赢在心态

你才是自己命运的建造师

在封建社会，人分三六九等，职业也分三六九等。因此，无数人为了摆脱低贱的身份，挤在科举考试的道路上，只为了改变命运的轨迹。随着社会的发展，人们虽然不再像以前一样一门心思地崇尚依靠考试改变命运，但是在很长一段时间内，人们依然把高考喻为"鲤鱼跳龙门"，似乎只要跨越了高考的门槛，人生就能从此一帆风顺。的确，在新中国成立后的很长一段时间内，"大学生"简直就是一个至高无上的荣誉光环，只要跨过高考的门槛成为大学生，很多农家子弟就能够摆脱面朝黄土背朝天的生活，进入城市生活、工作。不过，随着经济的发展，大学生已经不像之前那么紧缺了，人们对于大学生也不再一概采取仰视的光环，归根结底，是因为社会上的工作机会、就业机会越来越多，即使不上大学，凭借个人努力，很多人也能够生活得很好。还有很多人，虽然考上了大学，在就业的时候眼界也开阔了很多，他们不再仅仅凭借传统的观念来判断一个职业的好坏，而是采取全新的目光衡定职业的价值，从而在更加宽阔的选择范围中找到真正适合自己的工作，实现自己真正的价值。

数年前，大江南北传遍了一条新闻，即北大毕业生陆步轩卖猪肉的事情。由此，社会各界展开了此行为是否浪费人才的大讨论，人们各抒己见，各自坚持自己的观点。直至今日，尽管人们对于职业的评判标准已经有了很大的进步，不再沿袭旧有的封建保守的观点，但是，北大毕业生陈生进入养猪行业的新闻依然引起了人们的广泛关注。当然，这次让人们惊讶的不是北大才子养猪是否浪费人才的问题，而是陈生的辉煌成就。在进入养猪行业不到两年的时间内，陈生就在广州开设了将近100家猪肉连锁店，营业额高达2亿元。为此，

第17章　凡事靠自己，用自己的双手争取你想要的幸福

人们称他为"猪肉大王"。毫无疑问，人们已经不再对北大毕业生卖猪肉的事情持有怀疑，而是将焦点集中于陈生在卖猪肉行业掀起的"变法革命"。其实，三百六十行，行行出状元。不管我们身在哪一个行业，只要我们爱岗敬业，充分发挥自己的聪明才智，就一定能够作出一番成就来。

陈生在北京大学毕业后，被分配到一个地方政府的秘书科当公务员。按照常理来说，公务员是一个人人艳羡的工作。然而，陈生却在家人和朋友不理解的目光中毅然辞职了。下海后，他不仅倒腾过白酒和房地产，还打造了"天地壹号"苹果醋。如今，他更是凭借卖猪肉成了千万富翁。

时隔多年，在谈起这件事情的时候，陈生说："怎么说呢？我的性格很开朗，思维也比较活跃，所以常常做些不合常理的事情，这就导致我不适合党政机关的工作。"这个理由听上去很简单，也很空泛。在记者的追问下，陈生终于说出了迫使他下海的真正原因："就是因为穷啊。尽管我们当时都出自名校，但是，我们在机关里的工资却少得可怜，几乎可以用家徒四壁来形容。实在是穷怕了，只好下海去拼搏一番。"

在当时看来，陈生的举动简直是有些疯狂。对此，尽管陈生的家人也有异议，却没有直接否定陈生的做法。陈生很坚决地辞掉了工作，并且开始了自己的奋斗历程。事实证明，如今的陈生是成功的，他把很多人都不屑一顾的养猪行业做得风生水起。

作为北大毕业生，假如陈生对于养猪的工作不屑一顾，甚至有点儿蔑视，那么就没有他今日的成功。时代在进步，社会在发展，经济的繁荣和市场的高度自由化给当代的人们提供了越来越多的机会和机遇。在这种情况下，我们必须摒弃成见，一视同仁地对待各行各业。只有我们用心对待，努力拼搏，寻找到属于自己的舞台，我们才能获得渴望已久的成功。

生活给予每个人的机会都是均等的，很多时候，机会就在我们身边，我们却从未用心地去发掘它。甚至，当成功披着不引人注意的外衣出现时，很多人还会给它不屑一顾的白眼。对此，要想不放过每一个机会，要想以更加理性和平和的态度对待人生，我们就要摆正自己的观念，千万不要因为对于职业的歧

视而错失人生中千载难逢的好机会。我们既不应该自轻自贱，也不能盲目骄傲。不管做什么事情，要想成功，就必须放低姿态，努力认真地去做。

无论如何，都别放弃希望

生活中，很多时候，我们不得不面对批评。这些批评或者出自于真诚，或者出自于善意，也许是恶意的、不公正的。在面对这些批评的时候，你是坦然以对，还是坐如针毡？你是满面笑容，还是面红耳赤？对此，每个人都有不同的选择，原因是每个人对于不公正的批评的理解是不一样的。有些人觉得别人之所以不公正地批评自己，是因为别人心怀叵测，对自己怀有恶意。也有的人认为别人不公正的批评恰恰是一种变相的恭维，正是因为自己太优秀了，所以别人才会不怀好意地给予自己不公正的批评，这不仅证实了被诽谤者的实力，也证明了其在对手心目中的重要地位。假如你持有前一种想法，那么你无疑会非常气愤地对待别人不公正的批评。假如你心中坚信自己是因为太优秀了才招致别人的嫉妒，那么，你一定能够坦然应对，淡定从容，甚至表现得更好、更出色。正如人们平时所说的，对于一件艺术品而言，它越是价值连城，越是容易被人们所盘诘、攻讦；一只狗越是强壮凶悍，越是容易引起路人的恐慌，遭到路人出于自我保护的攻击。细心的人们会发现，生活中几乎从未有人去挑剔小餐馆中的餐盘不够干净，也从没有人去无情地踢一只路边的死狗。这是为什么呢？因为它们根本不值得劳驾人们，或者是丝毫没有价值。同样的道理，假如一个人频频遭到别人的批评，尤其是遭到别人不公正的批评，那么恰恰说明他是一个有价值的人，值得人们为他费尽心思。

纵观历史风云，我们会发现一个有趣的现象，即诸多为人们所熟知的伟大人物，在当时的历史背景之下，都曾经被很多人当成是箭靶，成为众矢之的，被无情地批判过。而他们之所以能够摆脱这一切负面的影响，最终成就自己的

第17章 凡事靠自己，用自己的双手争取你想要的幸福

伟业，青史留名，是因为他们顶住了巨大的压力，相信自己，坚定不移地走自己的路。尽管我们都是普普通通的小人物，但是我们也同样需要像那些伟人那样坦然面对别人不公正的批评，坚持做自己该做的事情，只有这样，我们才能成就自己普通而又不平凡的人生。

吉米和约翰是大学同学，大学毕业后，他们进入同一家公司工作。因为学历、阅历相当，在进入公司的最初阶段，他们俩的表现平分秋色，并没有分出你高我低。随着进入公司的时间越来越长，他们在工作上也取得了不同的进展，渐渐地，外向活泼的吉米崭露头角，得到了公司高层的关注。一次，因为吉米在工作中的出色表现，总经理很高兴，破格提升进入公司刚刚三年的吉米担任销售部主管。看着曾经和自己相差无几的吉米一跃成为自己的顶头上司，约翰很不服气。很快，他和吉米之间的友谊渐渐有了些火药味。约翰的心里憋着一股劲儿，他想要赶超吉米。然而，工作毕竟不同于爬山，不是多出一些力气就能够立即见到成效的。在经过一年的努力后，尽管约翰在工作上也有了更好的表现，但是吉米在工作上表现得更加出色。年终的时候，吉米得到了一大笔年终奖，使得办公室的每一个同事都很眼红，其中也包括约翰。

吉米休年假了，趁着这个机会，约翰开始四处散布关于吉米的谣言。他把吉米在大学期间的糗事都添油加醋地说了出来，还说吉米之所以能够有今天的成绩，得益于他女友的父亲和公司的总经理是好朋友。休完年假回来后，吉米陆陆续续地得知了这些谣言。面对这些不公正的批评，他丝毫没有生气，他知道，不管这些不公正的批评出自谁的口，都是因为那个人很嫉妒他。从此以后，吉米更加努力了。因为，他要用实力来证明自己。最终，吉米给公司创造了很大的效益，看着公司的生意蒸蒸日上，员工的福利待遇也越来越好，那些曾经散布对吉米不公正批评的人们，如今也都对吉米竖起了大拇指。

案例中的吉米对待不公正的批评采取了正确的态度，正是因为他的坦然以对，所以人们才会更加相信他的实力、能力和人品。试想，假如吉米不顾一切地为自己辩解，而放弃了努力，那么事情的结局又将如何呢？必将使诽谤他的人称心如意，真是亲者痛、仇者快啊！

对于每一个人而言,都有可能在生活和工作中遭受不公正的批评。每当遇到这种情况,我们要做的就是努力,努力,再努力!记住,只有事实才是最有利的辩解!

别总指望别人,掌控自己的命运

几千年前,老祖宗就曾留下祖训:兼听则明,偏信则暗。的确,在生活和工作中,我们应该学会采纳别人的正确建议,从而使自己的决定更加完善。和那些固执己见的人比起来,能够虚心采纳别人意见的人往往更容易作出英明的决策,避免犯极端的错误。然而,凡事都有度。假如一个人时时处处都相信别人的看法,而没有自己的主见,那么可以说,这样的人还不如固执己见的人更容易作出成就呢!尽管我们需要虚心采纳别人的正确意见,但是我们同样也需要有自己的辨别力,有自己的主见,在坚持自己想法的情况下,再有针对性地采纳别人的意见,从而使自己的决定更加明智理性,这才是正确的作出决定的方法。假如一味地都听别人的,失去了自己的主心骨,那么我们的生活就会被身边无数人的意见所裹挟,最终失去自己的方向。试想,假如你的身边有十个至亲的人,他们的意见必然是不完全相同的,甚至有的时候还会出现意见相左的情况,这个时候,你是听谁的呢?再假如,你的身边有二十多个朋友,他们每个人都很关心你,一看到你需要作出艰难的决定,他们就七嘴八舌地给出好心的建议,假如谁的话你都想听,那么你最终必然无法作出决定,因为可供你参考的意见太多了,你根本不知道到底应该听谁的。

生活中,还有些人缺乏自己的主见。一件事情,明明他自己已经决定了怎么去做,但是一看到身边的人表达了不同的观点,马上就改变了自己的想法,而认为别人说的是对的。其实,在事情没有得到事实的验证之前,谁也无法保证自己一定是对的,因为事实才是检验真理的唯一标准。在这种情况下,他也

第17章 凡事靠自己，用自己的双手争取你想要的幸福

许采纳了别人远远不如他的明智的决定，最终导致事情失败了。还有一些人已经决定去做某件事情了，就因为身边的人阻止他，说他必然失败，他就不再去尝试了，从而导致连失败都没有机会，更别说是成功的机会了。这样的情况在生活中屡见不鲜，作为想要成功的人，我们应该怎么做呢？那就是，与其相信别人，不如相信自己。即使相信别人，也要在相信自己的基础上去伪存真，有目的、有针对性地用别人的合理建议来使自己的决定更加完善。只有这样，你才能坚定不移地走自己的路，而又不至于犯固执己见的毛病，从而更顺达地实现自己的人生理想，距离成功也会越来越近。

高中毕业后，小娜和晓敏同样落榜了。她们是好朋友，高中三年一直都是同桌，情同姐妹。看着很多落榜的同学选择了复读的道路，小娜和晓敏却心有不甘。青春太宝贵了，她们不想浪费美好的时光，不约而同地想要做点儿什么。小娜很喜欢服装设计，有一天，她灵机一动，想要开一家集服装设计、制作于一体的服装定制店。在当时，虽然有一些裁缝给人们加工服装，但是都是很传统的款式。人们要想买新式的衣服，就必须买成衣，而成衣又有不合身材、泛滥成灾的缺点。假如能开一家服装定制店，无疑就解决了上面这两个问题，肯定能受到人们的欢迎。小娜把想法和晓敏说了，晓敏也很高兴。她们俩一拍即合，当即就各自去找家里人商量。不想，她们全都遇到了阻力。家人宁愿给她们钱去复读，也不愿意让她们下海经商。毕竟，她们刚刚毕业，而且她们所说的行业家里人连听都没听说过。对此，小娜态度很坚决，她对家人说："假如你们不同意我开创自己的事业，我就出去打工，自己积累资金。"看到小娜意志坚定，家人最终决定给予她资金支持。而晓敏呢，面对家人七嘴八舌的讨论，面对众多的非议和质疑，她最终选择了妥协，决定复读一年继续考大学。

一年的时间很快就过去了，在这一年之中，小娜的服装定制店渐渐打开了局面，得到了很多时尚人士的认可。如今，去她的店里定制服装，需要提前一两个月预约呢！而晓敏呢，高考的形势每年都有变化，虽然她在一年之中已经非常努力了，却依然与好的大学擦肩而过，只勉强考上了一所三流大学，未来的就业都是问题。看着事业渐渐步入正轨的小娜，晓敏后悔极了。假如当时她

也能够像小娜一样坚持自己的想法,并且为之不懈努力,那么她现在早就和小娜一样开创自己的事业了!

当然,我们并非建议所有落榜的高中生都去自主创业,放弃考大学,而是说每个人在有了明确想法的时候,都应该相信自己的判断力,而不要因为别人的否定就轻易放弃自己未来的人生之路。很多时候,你尝试了也许会失败,但是如果不尝试,你就连失败的机会也没有,还谈何成功呢?

记住,与其相信别人,不如相信自己,因为命运始终掌握在你自己的手中!

没有救世主,靠自己的双手改变命运

每个人的命运都掌握在自己手里,只要你有这样的信念,就能够主宰自己的人生。你现在所拥有的一切,你现在进行的努力,都是为了能够让自己主宰命运。年轻人常常觉得,只有自己创业,拥有自己的事业,才能够掌握自己的命运。其实,并非如此。

说实话,自己创业的人有求于人的地方更多,打工,得看老板的脸色;创业,要看所有客户的脸色。这个世界上还没有谁能够实现真正的自由,完全凭自己的喜好做事。除非你真的安贫乐道,或者境界达到一定的高度。

有句话说得好,那些当爷的人,也曾当过孙子的。年轻的时候,你不想有求于人,不想向别人低头,在以后的岁月里,你会发现,在年龄一大把的时候,你还要舍出老脸,给别人弯腰鞠躬。成熟的人都懂得这个世界上没有谁不需要帮助,不需要求人,只有互相帮助,才能实现双赢。

命运掌握在自己手里,意义包含两层:一层靠的是个人的努力和意志,另一层靠的是别人的帮助。不要因为现在你有求于人而觉得羞耻,只有幼稚的小孩子,才会觉得靠自己就能够成功。有求于人,或者从事着一份卑微的工作并不是什么丢人的事,因为工作和求助带来的同样都是进步,只要有进步,你就

第17章 凡事靠自己，用自己的双手争取你想要的幸福

会慢慢变得成熟，越来越接近成功。

坚持相信命运并不是上天的赐予，而是自己的选择，自己的努力和大家帮助的结果，这一点有助于你更快成熟起来。怎样把命运掌握在自己手里？怎样才能不必做自己不情愿做的事？怎样才能让自己觉得我的一切都在"掌握之中"？年轻人，常常很茫然，觉得"工作很痛苦但是还必须忍受，因为我需要生存"是一件很悲惨的事；常常觉得没有时间做自己喜欢的事，没有资本按照自己的喜好做事，觉得非常痛苦。的确是这样，如果你没有办法把握自己的生活，像歌里唱的"有时间的时候没钱，有钱的时候没时间"的确是一件很遗憾的事。

命运的第一步就是"选择"，这个词看起来很简单，但做起来肯定很难。就拿娱乐来说吧，你是想赚更多的钱，取得更大的成就还是想快快乐乐享受自己的青春？每个人的想法不一样，我们有必要尊重所有人的想法。如果你想的是功成名就，想的是"我要成功"，成为一个卓越的人，那么势必你要舍弃一些玩乐时间，别人工作8小时，你要工作12个小时，多出的4小时是超越别人需要花费的时间。如果你想的是人生苦短，你最想要的就是让自己的生命都享受掉，那只要获取了足够的生存资本，其他的时间随便你安排，为了度假、游玩去请假也是一件很平常的事。

人生没有两全，只要你觉得自己所选的是对自己最好的、最有价值的，就是一种成熟。不用活在两难之中，不用勉强自己做不喜欢的事，这也是对自己命运的一种掌握。

为自己的选择努力拼搏，能够把命运掌握在自己手中，这对于很多人都是适用的。一个人的努力，可以改变因为家庭、环境而造成的不好的现状。命运一半是上天的赐予，一半是个人努力的结果。你生长在一个什么样的家庭，受到了什么样的教育，谁都无法改变，可以改变的是你自己，通过个人的拼搏，你完全可以改变周围的环境，改变自己的境遇，这样你就把命运掌握在了自己的手中。土地是贫瘠还是肥沃，谁都无法改变，可是只要有足够的努力，种上适合的作物，每一块土地都能够有不错的收获。

自己做规划，并按照自己的计划做事，这是把命运掌握到自己手中的具体

方式。如果你发现事情的发展是在自己的意料之中,你就会意识到,原来我也可以掌握事物的发展,原来我也可以掌握自己的人生。这种感觉非常美妙,只有按计划行事的人,才能体会这种感觉。

把命运掌握在自己手里,不仅仅是说说而已,还必须有自己的一套实施方案,比如按计划充电,按计划请客交友,寻找贵人,谋划升职。当你完成人生的一个阶段,回顾往事时,你就会感叹原来人真的可以掌握自己的命运。

你强大了,别人就没办法落井下石

随着经济的发展,社会不断进步,人们的观念和言行也更加开放。社会生活越来越多元化,不管我们做什么、说什么,都会招致身边人的评价和注视。对于这些满含赞许抑或充满轻视、否定的目光,我们应该如何应对呢?对于那些赞许、肯定的目光,我们自然会感到很舒服;对于他人的轻蔑和藐视的目光我们自然也会感到难过,甚至愤恨,但我们是否应该狠狠地还击对方呢?答案当然是否定的。那么我们应该如何正确面对他人的轻视呢?

别人对你的轻视,无非是两种情况:一是你的确不如别人,别人自然有足够的理由看不起你;二是你或许比别人强,但是出于嫉妒或者其他阴暗心理,别人不愿意承认,因此故意作出轻视你的样子。无论哪种原因,摆正自己的心态是最重要的。假如你确实不如他人,那就发愤图强奋起直追,将别人轻视的目光化为自己前进的动力,时时鞭策自己、激励自己,直至超过他人,这样别人自然也就没有了继续轻视你的理由;假如你认为自己比别人强,依然可以将这种轻视作为自己前进的动力,勉励自己"不进则退"。终有一天,当你与对方的距离越拉越大,当他再也追不上你的背影时,你就可以用无可辩驳的事实告诉对方:我,终究是一个强者!

王翔13岁那年,母亲出了车祸,脑部受到重创,从此变得疯疯癫癫;父

第17章 凡事靠自己,用自己的双手争取你想要的幸福

亲一个人支撑了两年后,终于不堪重负,在一个夜晚离家出走,下落不明,只留下三个尚未成年的孩子。王翔是老大,他辍学回家,担起了生活的重担。那一年,他离初中毕业还有两个月。

王翔做过很多工作,到饭店洗碗,到建筑工地打小工,下煤矿挖煤……回到家里,他还要照顾精神失常的母亲和年幼的弟妹。但是无论生活多么艰苦,他从来没有放下过课本。买不起书,他就问邻居家的孩子借。周围的人都笑他:"初中都没毕业,还打算考大学啊?你就认命吧!安安心心当个打工仔,有那时间看书,不如多出去赚几块钱!"面对这些嘲笑的话语和轻视的目光,王翔丝毫不为所动,他知道自己要的是什么,他也知道自己的未来要靠自己去奋斗,于是他将周围人的轻视化为动力,更加发愤地学习,最后终于通过自学考上了大学。

大学毕业后,王翔想应聘当地一家知名企业。当时应聘的人很多,有名牌大学的毕业生,也有工作经验十分丰富的跳槽者,大家都把自己的简历设计得十分完美。有好心人对王翔说:"自考生常常让别人看不起的,所以在简历上,你最好别写自己是自考生,这样被通知面试的可能性会大一些。"王翔自有主张,他在简历上将自己的经历写得明明白白,最后,他十分诚恳地写道:"虽然在很多人眼里,自考生是让人看不起的,但是我却可以大声地说:我不比任何人差!生活的不幸让我比同龄人更明白了什么是责任;命运的多舛让我更加具有坚定的意志和毅力;半工半读的经历让我具备了更多的社会与工作的经验。所以,我是优秀的,在今后的工作中,我也一定会将这份优秀完完全全地展现出来!"

这份自信打动了公司的领导,王翔在100多个应聘的高才生中脱颖而出,成为唯一的幸运儿。

王翔在遭到命运的打击时,他没有气馁;在受到他人的轻视时,他也没有放弃,而是将生活带给他的不幸以及别人对他的轻视化成了向上的动力,鞭策着自己不断前进、奋勇直前。正如王翔后来自己所说的:"别人可以轻视我们,但我们绝不可以自己轻视自己!"不但自己要瞧得起自己,更明智的做法是要

将别人的轻视化作鞭策、激励自己的动力。有的人因为受到轻视而对别人怀恨在心,甚至以眼还眼、以牙还牙,最终恶语相向、大打出手,造成不可收拾的局面;还有的人则正好相反,因为受了轻视而妄自菲薄、一蹶不振,甚至破罐子破摔,最后一事无成,真的成为被他人轻贱、嘲笑的对象。

　　这两种做法都是极其愚蠢的。俗话说:"谁人背后无人说,哪个人前不说人。"我们或许无法改变他人的目光,但是我们却可以改变自己。学会从他人轻视的目光中寻找那种爆发性和鞭策力极强的力量,并将它作为自己前进的动力,终有一天你会发现,别人看你的目光中将不再有轻视,而是羡慕、赞赏和敬仰!

第18章
永葆工作热情，
工作需要你付出源源不断的努力

　　人面对工作或多或少都有压力，但有了工作，我们才有生存的基础，生活的来源，独立的尊严。工作是生命获得意义的一种过程，也是人自强独立的唯一途径。人能尽早地以社会优秀群体的工作观念来要求自己，以成熟的心态对待工作，就越容易感知幸福。

赢在心态

淡然以对职场起伏

我们常说,人要对自己好一点,要吃得好、穿得好、玩得好。这些都是外在的表现。真正懂得善待自己的人,是那些呵护自己的内心,拥有良好心态的人。他们从不为难自己、苛求自己。他们知道,很多事情只要自己尽力去做,自己认为可以了,美好了,就是一个完美的结局。

在工作中,我们尽量将工作做到最好,而不是苛求自己非要做到完美。聪明的人懂得,越是接近完美时,支出的时间越多,花费的精力也更多。有时候,为了所谓的完美而浪费的时间成本,要比原本这件事的收益大得多。

1. 追求完美是在苛求自己

心细的人,做事时更会认真。对待感情、钱财如此,对待工作也是这样。认真使工作变得出色,使生活变得精致。我们鼓励认真的态度,是为了让自己的人生变得幸福和充实,然而,有些人却往往认真得近乎于偏执,不管做什么事都追求完美,不容许自己有一点点失误,不允许生活有一点点瑕疵,这就和洁癖一样,成了一种习惯,结果常常因为对自己太过苛求而搞得身心疲惫不堪。

其实,在工作和生活中,完美与不完美在于自己的判断,真正的完美是有限的和少见的。一个人为了心里更舒服,非要把事情做到完美,这不仅是在跟自己较劲,而且苛求完美只会离完美越来越远。

2. 追求完美只会落得一场空

常言道:"水至清而无鱼,人至察则无徒。"现实生活中,对人、对事、对自己都不宜过于苛求,否则会使自己限于在孤寂和焦灼之中。

第18章 永葆工作热情，工作需要你付出源源不断的努力

有位渔夫从海里捞到一颗晶莹剔透的大珍珠，爱不释手。但美中不足的是珍珠的上面有个小黑点，"美珠有瑕"。渔夫想，如能将小黑点去掉，珍珠将变成无价之宝。可是渔夫剥掉一层，黑点仍在；再剥一层，黑点还在；一层层地剥到最后，黑点是没有了，珍珠也不复存在了。

有黑点的珍珠不过是白璧微瑕，正是其浑然天成、不着痕迹的可贵之处，如同"清水出芙蓉，天然去雕饰"。美在自然，美在朴实，美在真切。而渔夫想得到的是美的极致，在他消除了所谓的不足时，美也消失在他追求过于完美的过程中了。美真正的价值往往不在于它的完整，而在于那一点点的残缺，就如同缺失双臂的维纳斯，它能给人无限的遐思，美丽也在这样一种遗憾和遐想中成为极致了。

适逢五一长假期间，很多商家都搞起了打折促销活动。有一家婚姻介绍所更是别出心裁地推出了一项活动：未婚女性为自己挑选心仪的丈夫。一时间引来了很多女士驻足。

这家介绍所门口挂着这样的营业规则。

（1）所有女士只能光临本介绍所一次。

（2）本介绍所共有六层，随着楼层号的升高，男人的质量也依次升高。

（3）您可以选择某层的任何一位男士或者继续到上一层。

（4）不允许返回到下一层。

莉莉也在人群中向介绍所观望，她今年30岁了，还没有出嫁，看到这样好的机会，心动不已。她决定逛逛这家介绍所，为自己挑一位伴侣。

她走入这家介绍所，一层入口处的告示上写道：有固定工作的年轻男士。她看后立刻上了二层。

二层的告示上写道：有工作且爱孩子的男士。莉莉看后又上了第三层。

三层的告示上写道：有工作，爱孩子，非常帅的男人。莉莉想"这个不错"，但还是上了四层。

四层的告示上写道：有工作，爱孩子，帅呆了，还顾家的男人。"不可思议"，莉莉惊叹道。她有些经不住诱惑了，但还是上了第五层。

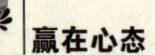

五层的招牌上写道：有工作，爱孩子，帅呆了，顾家，还非常浪漫的男人。莉莉看后觉得心满意足，很想在这一层停留，为自己选一个配偶。但是她还是忍住了，上了最后一层，去寻找最完美的男士。

当走到第六层时，她读到了如下内容的告示：您是第1000位光临本层的女士，这里没有你要寻找的男人。本层的存在只是为了再一次证明：完美的男人是不存在的，您要想心满意足更是不可能的。

3. 人要懂得"够用就好"

我们要明白，完美有时是一种偏执，更是一种顾此失彼。如果有人问你，对于你的工作，有两种评价，一是优秀，二是良好，你会选择哪个？大多数人的答案肯定都是前者。如果再问你，对于你人生如健康、容貌、智慧等作出评价，你是要一个优秀、其他的都是不及格，还是考虑选择十个都良好呢？恐怕所有女人都会选择后者。这就如我们苛求完美一样，当你把所有精力都投入其中，对其他事情不管不问，哪怕只是疏忽时，其他项目的结果恐怕就是不及格。

追求完美从积极的方面讲是为了让事情更圆满，更见成效。而从另一个方面看待，这也许只是为了满足欲望。对完美的无休止追求，常常会使人忘记了自己追求的到底是自己需要的哪一部分。

在生活中，也许你会有这样的感触：两个女士相约去吃自助餐，因为花了费用，可以随便吃，所以就肆无忌惮地吞食，只为追求对得起自己所花的钱，追求自己吃了更多的美味，常常是最后吃得自己肚子感觉胀得难受，然后几天消化不良。这是多么愚蠢，为了索取更多，却忘了自己是为了吃饭而来的，不是为了填鸭，不是为了让自己吃得难受来的。取自己够用的，不必贪求完美，这也是一个重要的修炼。

因此，人们要摆正自己的做事心态，弄明白"够用就好"的道理。

有一个人在河边钓鱼，他钓了非常多的鱼，但每钓上一条鱼就拿尺量一量。只要比尺大的鱼，他都丢回河里。旁观人见了不解地问："别人都希望钓到大鱼，你为什么将大鱼都丢回河里呢？"这人不慌不忙地说："因为我家的锅只有尺

第18章 永葆工作热情，工作需要你付出源源不断的努力

这么宽，太大的鱼装不下。"

通过这个故事，人们应该明白，不让无穷的欲念攫取己心，选择最合适自己的东西，不过分地追求，才会获得最快乐的感受。

今天的努力会换来明天的能力

生活中，面对功过得失，人们往往喜欢邀功，却不愿对自己的失职承担责任。为了逃避责任，有时甚至编造种种借口。比如：工作中出了一些问题，就认为是搭档的问题；如果事情没完成，就认为是领导部署不周全；业绩不好，就认为是客户太难缠。除此之外，我们还能经常听到各种各样的借口："时间太紧了。""我没有在规定的时间里把事做完，是因为……""以前我没学过这方面的知识……""我可以早到的，如果不是下雨。"

当工作出现失误的时候，一些人总是爱抵赖狡辩，或者为了推卸责任而指责别人，为了免受谴责，还会选择欺骗手段。而实际上，这不仅不能让我们吸取工作失误的教训，还得罪了他人。

一天，小刘在路上与同事不期而遇。小刘和同事最近一起合作一个项目，整个项目是成功的，但中间也免不了一些小问题的存在，其中，就包括预算问题。自然，他们就这一问题讨论起来。

同事主动说："领导还是很好说话的，即使你把这次项目的预算算多了，他也没多说什么。"

听到同事这么说，小刘很不服气，于是，他辩解道："你的意思是我的问题？要知道，预算的会计可是你部门的人啊。"

"我知道啊，可是我从没问过预算的事，不是你一直盯着吗？"同事也毫不示弱。

"你都不过问，那更是你的责任了。"小刘继续说道。

赢在心态

"你说什么……"

就这样,两个人开始争吵起来。

所谓"话不投机半句多",小刘和同事在路上不期而遇,谈到工作中的问题时,都不肯让步,导致了无谓的争论,从而破坏了同事间的友谊。试想一下,如果他们中的一个人试着先检讨一下自己,或者退一步,对自己不同意的部分保持缄默,也不会闹到不欢而散的地步。

凡事要认真,这原本没错,但是一个人一旦认真到了较真的地步,眼里丝毫不容沙子,那就是和自己过不去,到头来终究会自讨苦吃。所以,面对工作中的问题,只要不是大是大非的问题,其实没必要做无谓的坚持。换言之,即使你坚持了又能怎样?对方会按照你的意志行事吗?俗话说"兔子急了也咬人",你把别人逼得没有丝毫退路,对方除了奋力反击之外还能有什么选择?

比如,如果领导对你的工作提出了批评,那么,你首先要有一个良好的认错态度,并能认识到自己的过错,在此基础上,虚心接受领导的"调教"。工作中出现失误,证明自己在处理问题时确实存在某些不是,领导毕竟是过来人,有着自己所缺乏的很多工作上的经验。欣然接受领导的批评,不仅能提高自己的工作能力,还能获得领导的好感。

职场上,无论是同事还是领导批评了我们,我们要虚心接受,不要较真。这样,不仅会获得他人的信任和尊重,还能帮助自己认识到自身工作的不足,何乐而不为呢?

别只为了钱而工作

我们常说,做人难,做一个职场人更难。当人有了家,又必须在职场上努力拼搏时,生活中的矛盾就不可避免地多了起来。人常说家庭事业很难兼顾,即使人们有很强的牺牲精神,多把精力投入到家庭中,但职场中经常加班也使

第18章 永葆工作热情,工作需要你付出源源不断的努力

得人们应接不暇。

在职场中流行着这样的说法:人世间痛苦的事,莫过于上班;比上班痛苦的,莫过于天天上班;比天天上班痛苦的,莫过于加班;比加班痛苦的,莫过于天天加班;比天天加班更痛苦的,莫过于天天免费加班。这虽然有些调侃的意思,却道出了很多人对于加班的抱怨和不满的心态。但随着市场经济的发展,职场竞争日趋激烈,就业难的问题困扰着很多人。即使是能力强的人,也不敢轻易跳槽,放弃眼前的工作。面对加班的现状,人们是无奈、抱怨、逃避,还是觉得每天都被老板剥削,很是吃亏呢?

很多人精于算计,更爱斤斤计较。逐渐养成了占得起便宜、吃不了亏的习惯。对于职场加班,甚至无偿加班这个大亏,他们更是看在眼里,放在心上,每天在加班时间都和同事不停地唠叨和抱怨,仿佛这样能使时间过得快一些,或者能换来更多的金钱回报。但事实是,他们不仅扰乱了平静的心态,而且使工作效率低下,更浪费了本该卓有成效的宝贵时间。

很多初入职场的年轻人不愿为工作牺牲哪怕一丁点儿的私人时间,拒绝加班。在西方发达国家,工会对工人的保障是十分完备的,八小时工作制就是铁律。但现在,这些国家越来越多的人开始自愿延长工作时间,平均每四位加拿大人中就有一人每周累计工作50个小时以上。相比之下,1991年,每十个人中则只有一人有如此大的工作强度。到2002年,在30岁年龄段的人中,平均每五位英国人就有两人每周至少工作60个小时,这还不包括乘坐交通工具上下班所耗费的时间。

在美国,有33%的人愿意长时间工作,因为现实中大量的例子证明了长时间的工作意味着经济繁荣和更高品质的生活。在这个竞争激烈的社会里,为了成功,唯有竭尽全力,默默忍受奋斗的艰辛。虽然辛苦劳累,但你要知道那些奋斗拼搏的日子正是你追求幸福的过程,也正是你拥有光明前途的最重要砝码。

近两年,上海招聘网针对沪上白领职场生活状况做了一番调查,统计结果显示,51.64%的职场人士表示需要经常加班,只有48.36%的人能享有朝九晚五的规律生活。加班成了许多白领的家常便饭,"朝五晚九"甚至是"朝九晚无"

成了他们职场生活的真实写照。加班是一种在所难免的现实问题,加班有时被看成对公司忠诚的象征,加班加点被当作员工勤劳的传统美德。但不管怎样,处于同一个集体之中,别人加班加点,如果你不可能"独树一帜",不妨欣然接受,在积极的心态下工作,在提升效率的同时,更能实现自己成长的更大可能。

莎士比亚说:"我们宁愿重用一个活跃的侏儒,不要一个贪睡的巨人。"职场中的人更多的想法是如何将问题解决,无论是用公司的时间还是用自己的私人时间,过于计较自己付出的劳动是否超过了报酬,这样的人不会有升迁的机会,哪怕他才华横溢。对于许多普普通通的员工来说,很多时候,勤劳决定饭碗里是否有饭吃。但更多时候,积极加班,让自己的成长更快,更容易从平凡的岗位上脱颖而出。

莉莉是一名普通的秘书,她的工作就是帮经理整理好文件,处理日常工作中的其他杂事。但她和普通的整点上下班的秘书不同,莉莉是个有心人,而且腿勤嘴巧。她经常利用下班后的时间把第二天要做的工作整理好,然后再学习一些和工作业务有关的专业知识。日久天长,经理发现秘书的工作对莉莉来说得心应手,而且很多其他的同事都会主动要她协助干些事情,很多时候,她都要独自一个人加班很久,但她没有任何怨言。

同一单位的很多人总是觉得莉莉是"傻瓜":哪有喜欢给自己添额外负担的人?然而一年后,莉莉从秘书岗位被提升到部门主任,而且随着人员的扩容和职能的增多,其所在的部门,也从科级待遇升格为部级编制。到这时候,还有谁会说莉莉是"傻瓜"?

多付出才会多回报,这是亘古不变的真理。多做一份活,你的能力就多增一分,你的影响力同时也多增一分。个人能力与绩效的提升最能说明问题:领导可能没看到你长期废寝忘食忙工作的身影,但不会对你的进步视而不见,如果对上头交办的事务和其他部门邀请的工作,能推就推、能挡就挡,总是以"这事我做不了""你还是找别人吧"这样的话来应对之,到头来就会发现,你所在部门的重要度与影响力将会越来越低、你自己的话语权与活动空间将会越来越小。没有企业愿意出钱养闲人,当有一天你终于完全闲下来的时候,不只你

第18章 永葆工作热情，工作需要你付出源源不断的努力

的部门要被撤销，甚至就连你本人，离下岗也为期不远了。

聪明的人，加班不是为了给上司看，也不需要别人的督促，只是一心牵挂在工作上，希望把工作干得更完美，并且她的工作往往是在秘而不宣、无人知晓的情况下完成的，她不使自己的行为和工作成果在别人面前像发广告一样宣传，她只求内心完成使命的欣慰和满足。

全心全意、尽职尽责的人能够把工作做好，但聪明的人总是比自己分内的工作多做一点，比别人期待更多一点，他们多具有极强的主动精神，勇于真心投入。他们不是被动地等待着新的命令的来临，而是积极主动地去寻找目标和任务；他们不是被动地去适应新任务的要求，而是主动地去研究、变革所处的环境，尽量去多作出一些有意义的至关重要的贡献，并从中多吸取一些经验同时也汲取了走向成功的力量。

自愿加班的人更容易吸引更多的注意，给自我的提升创造更多的机会，加班能使他们变得率先主动，使他们干起工作来更加敏捷、更加积极。

当然，我们并不是提倡每个人都如工作狂一样整日待在办公室里，毕竟生活才是人生的重心所在。但对于不可避免的加班事实，聪明人要学会积极接受而非抱怨连天，要知道每件事都有其积极的一面，不要让自己的心过早地蒙上阴影。

把积极热忱的情绪带到工作中

人们每天都要为生活奔波，每天都要踏入职场，每天都要面临紧张的工作，还要处理复杂的人际关系。于是，开始抱怨生活，抱怨上司，抱怨同事，抱怨薪水低，抱怨工作任务重……不知道从什么时候起，抱怨演变成了一场瘟疫。被抱怨包围着的人，似乎从来没有顺心过，似乎再也遇不到高兴的事；高兴的事情被抛在脑后，不顺心的事情总挂在嘴边。因为抱怨，他们不仅把自己搞得

很烦躁，也把别人搞得很不安。而实际上，抱怨对于事情的解决毫无益处，只会让我们在忙碌中兜圈子。相反，如果能心平气和地正视问题，理清自己的思绪，那么，找到解决问题的方法的概率便会大大提高。

小李高考落榜后，就在一家汽车修理厂工作，从工作的第一天开始，他就对自己的工作充满了不满，开始抱怨："修理这活太脏了，瞧瞧我身上弄的。""真累呀，我简直要讨厌死这份工作了。""要不是考试中出了点失误，我现在都是名牌大学的学生了。做修理这活太丢人了！"

每天，小李都在煎熬和痛苦中过日子，但他又害怕失去手上这份工作，于是，只要师傅不在，他就耍滑偷懒，应付手中的工作。

几年过去了，与小李一同进厂的三个工友，凭着各自的手艺，或另谋高就，或被公司送进大学进修，唯独小李，仍旧在抱怨声中做他蔑视的修理工。

可见，身处职场的人，无论从事什么工作，要想取得成绩，就必须拿出全部的热情。如果像小李那样鄙视、厌恶自己的工作，对它投注"冷淡"的目光，那么，即使从事最不平凡的工作，也不会有所成就。

工作中，无论是出现了问题，还是为了取得更好的成绩，我们都不能一味地抱怨，抱怨只会让自己失去动力，让事情恶化。要记住一点，我们的最终目标是解决问题，而不是发泄情绪。

抱怨会破坏一个人的潜意识。你是否有这样的体会：一旦抱怨，手上正在做的工作就会不自觉地慢下来或者停下来，因为需要时间和精力去为自己鸣不平、讨公道，久而久之，不仅直接影响工作和生活，还影响心情和心态。真正的勇者，从不抱怨，总是能冷静地看待世界，审视自己，最终成就自己。

事实上，没有一种令人十分满意的生活、工作模式，一不满意就容易产生抱怨。但如果动不动就抱怨，而不是以一种积极的心态去解决问题，就等于拿石头砸自己的脚，于人、于己、于事都无益。所以，每个人都应该认识到，工作是实现自己人生价值的方式之一，其本身就是幸福的源泉。

第18章　永葆工作热情，工作需要你付出源源不断的努力

别抱怨，带着感恩的心工作

身处职场，可能很多人会觉得自己的工作是烦琐的、枯燥的，其实，一件工作有趣与否，取决于你的看法。对于工作，我们可以做好，也可以做坏；可以高高兴兴和骄傲地做，也可以愁眉苦脸和厌恶地做；如何去做，完全在于我们。所以，只要你在工作，何不让自己充满活力与热情呢？无论你现在从事什么样的工作，都应该学会热爱它，即使这份工作你不太喜欢，也要尽一切能力去转变，并凭借这种热爱去发掘内心蕴藏着的活力、热情和巨大的创造力。事实上，你对自己的工作越热爱，决心越大，工作效率就越高。

当你抱有这样的热情时，上班就不再是一件苦差事，工作就变成了一种乐趣，就会有许多人愿意聘请你来做你热爱的事。如果你对工作充满了热爱，你就会从中获得巨大的快乐。

朱莉现在已经是一家连锁餐饮企业的老板了，现在的她，每天脸上都挂满笑容。而六年前，她还是一家餐厅的侍应生，她的丈夫保罗也只不过是一名交警。虽然那时候他们每天都很快乐，但都梦想着有一天能拥有自己的事业。他们特别喜欢冰激凌，并为经营冰激凌店做了一些调查工作，却没有发现合适的机会。

有一次，一个客人来店里吃饭，朱莉无意中和他聊了几句，原来，对方是一家名为"酷圣石"的冰激凌店的老板。这引起了朱莉的兴趣，经过数次的拜访和考察，她和丈夫一致认为这就是他们长期以来所寻找的机遇。于是，他们决定冒险投资。

当你进入朱莉的这家冰激凌店之后，会发现，朱莉工作起来是如此热情洋溢。不论你什么时间去买冰激凌，夫妻二人中总会有一个人守在店里，与此同时，

保罗还保留着交警的工作。他们确实是在享受自己所做的工作。

那么,如何才能做到热爱并做好自己的本职工作呢?

首先,专注于你的工作。只要专心致志地做好自己的本职工作,就会产生良好的绩效,就会有成就感,对工作的热爱也就在无形中产生了。因此,"热爱"和"全神贯注"就如同硬币的正反两面,是因果关系的循环。只有热爱才能全神贯注,在全神贯注之中自然而然产生了热爱。当然,在开始的时候难免会有些困难,但只要你反复对自己说:"我正在从事一项了不起的工作";"这是多么幸运的工作啊"。于是,对工作的态度自然而然就有了转变。

其次,在择业之前,你应该考虑自己的兴趣。如果你真的不喜欢这份工作,怎么也提不起兴趣,觉得自己正度日如年,那么,你不必强颜欢笑,你需要做的就是明白自己的兴趣所在,然后寻找一份适合自己的工作。

没有热情的努力是白费的,也是没有效果的,热爱你的工作,你才会珍惜你的时间,把握每一个机会,调动所有的力量去创造出类拔萃的成绩。

第19章
且行且珍惜，
幸福婚姻需要用心经营

恋爱的甜蜜使得每个人都为之无限向往，不同的人在自己的花园里看到的景象大为不同。这里的关键是心态的作用。积极、主动或被动、消极等复杂的心理状态左右着恋爱的结果。在经历一番博弈后，当人由恋爱走入婚姻的幸福殿堂，身份发生了巨大的转变，心态也自然要跟着升华。

赢在心态

相爱容易相处难，婚姻中要学会包容和担待

美好的婚姻如一碗汤水，需要诚实的滋养，聪明的女人会知道诚实与透明是不同的。透明是毫无隐私，而诚实是尊重对方，同时有所保留。即使再亲密，作为女人也不需要把心中任何感受和所有想法都逐一向对方倾诉。把所有想法都告诉丈夫事实上是一种不负责任的做法，确实，你减轻了自己的压力，而把压力转嫁给了丈夫。

面对生活中的点点滴滴，你无须把自己过去的遭遇和不快告诉丈夫或带到你们每天的新生活中，无论当时丈夫能否接受，都会留有有形或无形的伤害，要知道，爱情的世界是容不下一粒沙子的。

也许很多人不熟悉迈克·尼克尔斯这个名字，但谈起他导演的作品《毕业生》，你一定耳熟能详。黛安·索耶是他的妻子，业绩也毫不逊色，她是美国ABC电视台的台柱，曾经是美国最红也是最有魅力的女节目主持人。

两人走入婚姻殿堂时，迈克已有56岁，黛安也有42岁了。此前迈克有过三次失败的婚姻，但对黛安来说，这是她第一次的婚姻。黛安说："我们彼此相互了解，有共同的爱好，更重要的是我们依然彼此独立，保留自我，对于对方的事业只提意见，不予干涉。""因为工作的关系，我的生活常常与飞机为伴，飞来飞去的生活我已习惯。我不会因为结婚而暂缓我工作的节奏。不过我也要关注他的感受。刚结婚不久我问迈克：'你是不是很讨厌我常常外出采访工作？还是你根本就很喜欢一个人待在家中？'他回答说：'两者都有。'"黛安在一次有关婚姻家庭的杂志对她的采访中谈道："他尊重我的工作，我也对他长期在外工作表示理解。这是我们婚姻牢固的基础之一。""我们也对对方的工作表现提出自己的意见，指出对方的不足。但是只是个人意见而已，我们并不

第19章 且行且珍惜，幸福婚姻需要用心经营

会因此而争吵。除此之外，对于一个稳固的婚姻来说，坚守与责任也非常重要。"

婚姻中，你和爱人应该同心同德，拥有共同的兴趣，追求共同的利益。但是，这种亲密无间的夫妻关系并不等于没有自我，你们仍然是两个独立成熟的个体，可以为自己负责，也可以为对方负责。学会保留自我，才能使两个人生活的更加独立、更加快乐。

只有具有自我和自信，才能真正享受美好的爱情婚姻生活。婚姻中，你和爱人应该是两个交叉的圆，交叉的部分可以彼此分享；未交叉的部分，就留给彼此独自成长、回味吧。

赵静22岁大学毕业时就结婚了，因为太爱丈夫，所以结婚时丈夫一贫如洗，两个人还要和婆婆住在一起，她也丝毫不介意。结婚后，赵静一方面要照顾家庭，另一方面还要开拓自己的事业，婚后慢慢地，她的心理失去了平衡，渐渐觉得压力很大，她觉得丈夫现在是自己最亲的人，于是她习惯了事无巨细都跟丈夫倾诉。

在婚姻中，她自认为做了很大的付出。她也记不清是从什么时候开始，尤其是看到原来比自己学习差、能力低的同学，纷纷出国留学或者获得很好的工作机会，甚至嫁了更出色的丈夫。相反自己现在的生活则苦不堪言，工作压力大，家庭事务繁重，而每天听她倾诉的丈夫也不耐烦极了。这种生活折磨得她非常痛苦，对丈夫和家人也开始越来越多的埋怨和愤怒，导致家里面几乎每天都有口角和冲突发生。

有的女人常因为太爱对方，而在婚姻中表现得更像一个仆人，而不是伙伴，试图依靠毫无保留来赢得丈夫的感动。如果你甘愿如此，在婚姻中放弃自我、牺牲自我，毫无保留地来换取对方的爱，并希望完全走入对方的世界；那么一旦关系出现波动，你就会感到绝望，认为自己一无是处，婚姻了无生机。其实，这是不积极的婚姻模式。

我们都希望婚姻是为了自己的幸福，而不是自我惩罚。为了婚姻的幸福，适当的、互相的改变是必要的，但是，如果毫无保留地付出成了你的义务，当你成为婚姻的附属品，那么爱情就变味了，婚姻也就变味了。

赢在心态

婚姻如围城,城外的想进去,城里的想出来。真正聪明的女人,会在城中找块空地,在房子周围开垦出一小片绿地。必要的时候,不用出城也能享受到温暖的阳光,呼吸到自由的空气。同时,站在绿荫中更深刻地感受丈夫的爱,家庭的温暖,婚姻的幸福!

你的态度决定了婚姻是否走向"坟墓"

当花前月下的恋爱让位给柴米油盐的婚姻时,当浪漫火热的情话让位给一日三餐的生活时,当相思成灾的甜蜜让位给每日相守的平淡时,我们需要相互担待,才能为爱保鲜。女人的婚姻本就是一次漫长的旅途,如果没有了这样一种宽容、包容、谅解的担待,那么这旅程便不再有鸟语花香、充满朝气。

有甜有苦、有笑有泪便是婚姻的滋味。如果日子过于平静,婚姻则潜藏着危机;如果日子过于吵闹,婚姻则会走向死角。如何经营一份平和的婚姻生活,那要看两个人的性格兴趣、磨合理解,尤其是担当的程度。如果能求同存异,相互谦让,那必是一种甜美的幸福婚姻,能让人心情轻松,努力创业,享受快乐;反之,则是一种婚姻的苦果,会令人痛苦不已,会成为心理负担,萎靡不振。

在婚姻中,女人学会多些担待、多点付出、多点温柔、多点体贴、多些浪漫,这就如同在婚姻的围墙边种上五彩缤纷的花朵,让人的心情分外舒畅。婚姻中要担待地方非常多,我们要担待对方因见解不同时的出言不逊;我们要担待对方在职场竞争中失败后的心烦气躁,甚至一时的灰心丧气;我们要担待柴米油盐、一日三餐中的琐碎、重复、乏味……最难担待的或许还有这样或那样的原因而造成的情感危机,虽然有这样或那样的危机、困难,但若我们都有一颗包容担当的心,相信危机终会过去,日子依旧精彩!

敏和华是一对夫妻,平时都忙于工作和家务,爱在他们之间变得很平淡。

第19章 且行且珍惜，幸福婚姻需要用心经营

华想，婚前的老婆敏是那么地爱他，于是，为了唤起老婆对他的爱，重新点燃她的激情，他想再次浪漫一下，他约老婆到一个餐馆吃饭。快下班时单位开了一个会，等他冒着滂沱大雨赶到时，已经迟到了半个小时。敏很不高兴地说："你怎么这么晚来呀，我都没有心情和你吃饭了，以后不要再这样迟到了。"华的心瞬间一动，随之崩溃冷却。

洁和君同样是一对夫妻，君也为了制造两人相处的机会而约老婆洁吃饭。因公事繁忙，君迟到了。但当君冒雨赶到时，老婆洁说："你忙坏了吧？"边说边为他拭去脸上的雨水。君的心瞬间一动，满是温馨甜蜜。

我们常说，婚姻是一个空盒子，你必须往里面放东西，才能取回你所要的东西；你放得愈多，得到的也就多。洁和君的婚姻就是如此，放入担当，婚姻自然甜蜜，感情自然温馨。女人在婚姻中不要企图保持炽热激情，让爱情自然地发展，要知道，激情和热爱会随时间而消失。彼此的宽容、忍让、担当、不计较才是共同快乐生活的秘诀之一。

莉莉和丈夫结婚十年了，莉莉常对丈夫说："亲爱的老公，我希望你改变自己做的、说的某些事，即使你不改，我还是一样爱你，因为我爱的是你这个人，而不是你做的事。即使有时候我真的不喜欢你做的事，但我还是一样爱你。"丈夫听后也会感动地说："我很高兴你喜欢我这个人，否则我们的婚姻就毫无意义了。亲爱的，我不喜欢觉得自己好像为了你而活，我只想做我自己。如果你喜欢我这个人，我也愿意改变我自己，使我们之间变得更美好。"

确实，只有无条件的爱才是真爱，只有担当才能让彼此在婚姻中仍保持本真。女人在婚姻中不要为了公平而争吵，也不要为试图改变对方而争吵。遇事学会扪心自问：这件事情真的值得我争吵吗？得出的结论和被伤害的感情孰重孰轻？若能将结果考虑到百分之九十的话，争吵则可以避免。如果不可避免，则要尽量多担当一些，或者尽量缩短争吵时间，争吵的内容也要中肯，就事论事，千万不要涉及其他事情，翻从前的旧账。

彼此的宽容和忍让是婚姻中必需的饮品，如果太多地计较得失，则等于亲

手扼杀自己的幸福。世界上的每一段感情、每一个家庭、每一份幸福都是值得珍惜的,"相濡以沫""白头到老"的婚姻更是离不开担当的锻造!

你快乐,婚姻也会变得快乐

婚姻对人们来说,不仅意味着浪漫与甜蜜,还意味着付出与牺牲、责任与义务、磕绊与碰撞、甘甜与苦难、容忍与尊重。如何描绘你的婚姻生活,是如意还是不满,全在于你的心态。快乐就是一种阳光心态,女人离开了快乐的滋润,婚姻之河将毫无色彩可言。

要做快乐的女人,并不需要一切东西都是最好的,只要能满足于自己已有的一切就足够了;要做快乐的女人,并不需要生命中的一切都一帆风顺,只要能用积极的心态去对待生活,一切就足够了。婚姻生活并非只是一种无奈,而是可以由自身主观努力去把握和调控的,女人有什么样的心态,就会有什么样的生活和命运,而快乐的心态就是调控和谐婚姻的控制塔。

一个晚上,若梅参加了一个饭局,做东的是一个做生意的朋友。在她们这个小小的地方,她的生意几乎占据市场的一半,这几年,赚得金满盆银满钵,已经是一个不大不小的富婆。

一阵寒暄、客套过后,若梅问她一天能赚多少钱,她愁眉苦脸地大吐苦水:"这些天生意比较清淡,每天只能挣 1000 元,我和老公为此都吵了好多次架,弄得最近心情一直不好。"若梅和众人皆很惊讶,此后都是这位朋友在苦恼,她大吐自己一点也不快乐,现实与自己的目标太远了,婚姻也不如意。

饭局过后,若梅回到家,她看见刚从街上贩小菜归来的丈夫,喜气洋洋地在饭桌上数钱,她问丈夫:"今天赚了多少钱?"丈夫笑眯眯地说:"净赚 25 元。"看着丈夫兴奋的样子,若梅觉得眼睛有点湿润,丈夫一天赚 25 元,

第 19 章　且行且珍惜，幸福婚姻需要用心经营

比那个轻轻松松一天挣 1000 元怎么要快乐得多呢？若梅与丈夫说了晚上的事情，问丈夫为什么比她朋友要快乐得多？丈夫说："老婆，快乐就是我们心中的期望，也是我们的欲望，别期望太高，越高就越不容易得到满足。我每天只希望挣到 20 元，今天我挣了 25 元，我的愿望达到了所以我开心知足。期望别太高了，只有一点点达到，目标与理想都会实现，就会越过越快乐的。"

是啊，快乐的本质并不在于得到多少，而在于心态。决定一个人婚姻如意与否的关键也正是"快乐的心态"。婚姻中总会有各种各样的事情发生，我们都无法预料明天可能会发生什么，但我们可以用快乐的心态做人生的指挥官，相信自己才是自己婚姻的主宰。在婚姻中，我们常会陷入"钱就是幸福"的误区，若梅朋友的故事就告诉我们快乐就是快乐，与物质、金钱没有任何关系。

往往，金钱的多少并不能衡量婚姻的质量，而对婚姻的心态却能改变生活的走向。无论一个女人多么有能力，如果缺乏快乐的心态，就不可能有如意可言。快乐的心态产生的能量是巨大的，有了它，女人就能把握住自己的婚姻，尽享幸福。

拥有了快乐心态的人，才能承受婚姻中的种种压力，并有勇气挑战各种困难和挫折；拥有快乐心态的人，才能让痛苦和烦恼远离自己，感受恬静婚姻中的温馨爱情。婚姻是人生中无法后退的生命之旅，面对神圣的婚姻殿堂，我们要静静地思考，细细地品味，在淡然豁达中享受婚姻生活，让自己活得精致而有意义，将家庭经营得融洽而和谐。

所谓"性格决定命运，心态决定姿态"，可见婚姻的质量首先取决于你自己的心态，不同的心态就会有不同的表现。一个人的婚姻是否幸福，不能看他所享受的物质状况，因为有钱的不一定就觉得幸福，而经济条件不好的，未必会觉得不幸福。我们的欢乐与痛苦，其实都是自己的心态所造成的。只要我们的心是快乐的，我们周遭的一切就充满了朝气和激情。

懂得快乐生活的人，就应该在婚姻中保持阳光心态。无论婚姻生活中遭遇

了怎样的不幸、艰难，都要保持一种快乐的心态：感谢上苍让你在人世轮回里遇见这个"十年修得同船渡、百年才能修得共枕眠"的爱人。婚姻中有晴天丽日，也难免阴雨霏霏，但有了快乐心态就可以超越恐惧、自卑、胆怯、气馁，充满自信、乐观地面对一切。

人有了快乐的心态，就有了战胜失败和挫折的勇气和信念；人有了快乐心态，就有了健康的精神与兴趣；人有了快乐的心态，就有了永远保持魅力的资本；人有了快乐的心态，就有了婚姻和谐、人生幸福的必胜宝典！

除了薪水，我们能以工作中获得更多有益的东西

人们生存，衣食住行所需要的最基本收入保障就是自己的薪水。很多从贫困境遇中到大城市谋求发展的人，更希望自己早日摆脱艰辛的命运，他们在求职时只关注"月薪多少""福利待遇如何"。甚至"加班费怎么计算"等问题，而恰恰忽略了最重要的问题：这个职位是否适合自己？是否有利于自己职业生涯的发展？

玛丽在一家公司辛辛苦苦地工作了十年，在她刚毕业来到这家公司时，当时的薪水在同龄人中算高的，她也正是因为这一点，才放弃了到大企业深造的机会。但没想到的是，十年过去了，她的薪水从不见涨。虽然她有几次想和老板谈一下薪酬问题，但还是因为底气不足，没有开口。

随着生活压力的增大，有一天，她终于忍不住内心的郁闷，当面向老板诉苦。老板说："你虽然在公司待了十年，但你的工作经验增长很少，能力也只是新手的水平。"

玛丽这才恍然大悟。玛丽宝贵的十年青春中，除了得到十年的新员工工资外，其他一无所获。她在这里得到锻炼的机会少之又少，再加上对工作消极怠慢的态度，这么多年来，能力没有多大的提升。

第19章　且行且珍惜，幸福婚姻需要用心经营

也许，这个老板对玛丽的判断有失准确和公正，但在竞争激烈和发展迅速的年代，玛丽能够忍受十年的低薪和持续的内心郁闷而没有成功跳槽到其他公司，就足以说明，她的能力的确没有得到更多公司的认可。

对于任何人，特别是那些新进入职场的新人来说，薪水并不具有太大的价值，更具价值的是工作背后的成长。工作固然是为了生存，但比生存更重要的是实力的提升。自己的实力提升了，薪水自然会水涨船高。

美国超级富豪洛克菲勒曾说，收入只是你工作的副产品，做好你该做的事，出色完成你该完成的工作，理想的薪金必然会来。而更为重要的是，我们劳动的最高报酬，不在于我们所获得的，而在于我们会因此成为什么。

索菲亚是一位刚毕业的大学生，她应聘到一家合资企业工作，虽然这里的环境不错，很有发展前途，但公司提出要和索菲亚签订一个五年的工作合约，约定她每周的薪水是500美元，并且在五年之内，这个薪水标准保持不变。索菲亚的很多同学觉得这个条件太苛刻了，微薄的薪水不仅会使生活倍加艰辛，更会打消工作的积极性。但出乎意料的是，索菲亚接受了这份合同，全身心地投入工作中去。

索菲亚明白，依靠这样微薄的薪水，她是无法在社会上立足的。因此，她暗下决心一定要发奋努力，把自己的工作做得尽善尽美。凭借出色的工作质量，索菲亚很快赢得了上司的注意。

随后几年，索菲亚利用一切机会学习工作中的各种技术。三年之后，索菲亚已经对工作驾轻就熟了。在处理各种复杂的问题时，她举重若轻、游刃有余。而此时她的薪水仍然是每周500美元。所有的同事都认为索菲亚这样做实在太蠢了，劝她早早离开，找一份高薪水的工作。

凑巧的是，另一家公司在这时派人与她联系，开出5万美元的年薪，聘请她为外事部经理。同事们听说此事，都认为如此优厚的条件，索菲亚没有理由不接受。但索菲亚毫不犹豫地拒绝了。事后，她也从没有向老板提及此事。

直到五年的合约期满，索菲亚从未向公司暗示过要终止工作合约。尽管谁都清楚她的薪水实在太低了。

合约终于到期了,所有的人都认为索菲亚可以一走了之了。但此时,公司的老板却没有给她这个机会,他毫不犹豫地将索菲亚的薪水由每周500美元直接提升到每年10万美元,中间没有任何过渡。

三年后,索菲亚凭着出色的工作能力,成为这家公司的总经理。

像索菲亚这样在低薪酬的岗位上一干就是五年,并毫无抱怨的人实属少数。她的工作态度和工作能力在五年中得到了领导的认可,在合约期满后,明智的老板给了她一份满意的薪酬。

在现实中,很多刚刚参加工作的人,不具备成熟、良好的工作态度,常抱怨自己的工资太低、奖金太少。他们一边以玩世不恭的态度对待工作,或者消极怠工,或者频繁跳槽;一边又怨天尤人,埋怨自己生不逢时、明珠暗投。结果,工作做得一塌糊涂,表现自然乏善可陈,事业升迁更是遥遥无期。

事实上,我们不应该把自己的眼光仅仅盯在薪水上。因为薪水并不是我们从工作中所能获得的全部,而只是其中的一小部分。除了薪水,我们还从工作中获得了学习成长的机会、职业经验的积累、为人处世的磨炼等。所有这些,都远非那沓薄薄的钞票所能比拟的。

有些人不禁要问,虽然我们要看重个人的发展,但也要顾及自己的开销。光有追求,整天饿着肚子,这样的事情恐怕谁也不会干。在提出薪金要求时,多少薪金才是自己满意又能让对方接受呢?这是非常不容易把握的。但我们首先要清楚一点,就是明白自己的价值。

深圳一家美资公司招聘一些应届毕业的大学生。并且美国总裁亲自督战,当谈及工资时,有人回答说"5000元",有人说"2000元",甚至有人说:"1000元。如果1000元您还不同意的话,800元也可以。"其中,一个年轻人不亢不卑地说:"我要求3000元。"总裁问:"为什么?"年轻人说:"据我了解,美国刚参加工作的大学毕业生,月薪一般都在400~500美元之间,而在深圳的其他外资企业,刚刚大学毕业的,薪金基本在3000~4000元之间。"

结果这个年轻人被录用了。谈及原因,总裁说:"因为他懂得自己的价值。"那究竟这个年轻人是怎样懂得自己的价值呢?如何才叫知道自己的价值呢?我

第 19 章　且行且珍惜，幸福婚姻需要用心经营

们可以看出，这个年轻人在提出自己的工作报酬时，没有给人以漫天要价或盲目应聘的感觉，而是有理有据的，因此美国总裁才愉快地接受。

这位年轻人清楚地了解人才市场的行情，要求的薪金既不是很低，也不是很高。他有可靠的参照，是依据整个公司的薪金情况提出自己的工资要求的。不像其他人对人才行情一知半解，盲目地应聘和标出自己的工薪底价，不是眼高手低，就是手高眼低。

很多职场中的人捡了芝麻丢了西瓜，自己却不知晓。工作固然是为了生计，但是还有比为生计更可贵的，就是在工作中发掘自己的潜能，发挥自己的才干，做正直而纯正的事情。人应该有比薪水更高的目标。你的工作带给你的不仅是一份薪水，一个职位，而是一个事业的平台、一个腾飞的机遇。

婚姻关系需要建立在相同的人生观、价值观上

"看他们的家庭多幸福！"我们常常赞叹他人的婚姻幸福。其实，幸福的婚姻不是凭空而来的，而是需要不断调整心态、不断学习的。只有我们最知道自己婚姻的优势在哪，问题在哪，也只有我们能尝试采用积极的方式进一步发展优势，尽量解决问题。

常常，不仅仅是生活中需要一个好的心态，婚姻中更是如此。身处围城之中，很多事情都不是我们自己能决定的，既然你无法改变自己的爱人，那不如改变自己对这件事情的态度，保持一个好的心态，努力让自己拥有一份好的心情；心情好了，自然看一切都顺眼，做一切都顺心。正所谓"境由心生"，如果你每天都能保持一份好心情，那么，你眼中看到的将会是鲜花和美景，属于你的婚姻生活也会变得快乐而美满！

莉从来不吃葱、姜、辣椒，一吃就难受。但是，每次炒菜之前，她总要先切上一碟辣椒，然后用姜丝拌蒜泥，再浇上半勺滚烫的花生油，因为这是丈夫

喜欢吃的。莉很乐意地做这一切，甚至把它当成一种享受。当然，她有时也会发发牢骚："你就知道吃，我为你做了半辈子的保姆，什么时候你能做一顿像样的饭菜给我吃呢？"丈夫总是呵呵一笑说："你做的饭菜是最香的，别人做的我还不吃呢！"

莉想想也是，这么多年，丈夫都非常爱自己，这样一想，莉的心态便调整过来了。一次莉生病了，丈夫急得眼睛都红了，拉着她的手不停地问："你想吃什么，我帮你做去。"莉笑笑说："你会弄吗？""我会，我这就去。"说着丈夫就走进了厨房，本想给妻子煮碗热腾腾的鸡蛋面，可是手背上被油溅了几个红点不说，面还弄糊了，尝了一下，味道也不对。丈夫只好悄悄下楼到对面餐馆买了一碗牛肉面，小心翼翼地端到床前，低着头对妻子说："不是我自己做的，我做不好……"莉的泪花已经在眼里打转，她说："你有这个心就够了。"

莉的身体康复后，他们又恢复了以往的日子。每天饭前妻子还是会雷打不动地准备一份姜丝辣椒。

莉和丈夫就是一对平凡的夫妻，但他们相处中的一点温情就足以暖透人心。多年如一日，做丈夫喜欢吃的菜谈何容易，莉也有怨言，但她贵在能主动调整心态。其实要让婚姻幸福并不如想象中那么难，只要我们用一点点心，能调整心态多为对方着想，让对方感受你对他的重视和关爱，那婚姻就能幸福和谐地走下去。婚姻是需要两个人共同来经营、呵护的，两个人在一起，当恋爱的激情褪去之后，以后的漫长岁月就更需要心的细致和体贴了。

婚姻犹如一艘航行在浩瀚大海上的航船，当船触礁时，遇险的绝不仅仅是某一个人，而是整个家庭。成功的婚姻不是偶然的，女人切不可把婚姻中的一切视为理所当然，也不要认为婚姻就是"从此王子和公主过上了幸福的日子"，如果这样去想，婚姻一定会让我们失望。幸福不是从天上掉下，而是先由我们付出，经过精心培育，才能收获你想要的爱。

敏的丈夫是一个节目主持人，人长得帅，又有口才，很多女人喜欢他。而敏却是一个普通的女人。他们结婚三年了，他越来越红，她还是从前的样子。敏知道丈夫是靠嗓子吃饭的，在他去上班的时候，她一个人在家，就给他剥莲子，

第 19 章　且行且珍惜，幸福婚姻需要用心经营

把莲子里小小的芯抽出来，然后煮成茶给他喝。而丈夫的应酬特别多，甚至回家她和吃饭的时候都很少。后来，丈夫有了外遇，和一个女人好了，于是常常夜不归宿。

敏没有和丈夫争吵，还是默默为他剥莲子，把细细长长的芯剥出来，已经剥了一包，放在茶几上。有一次丈夫回家拿东西，看到她在屋里坐着，没有开灯。他开了灯问："你在干什么？"她在剥莲子，黑着灯也能熟练地剥！丈夫的心瞬间软软一动，喉咙有些哽咽，但刹那间就掩盖了过去，只是淡淡地说："你能再给我煮一杯莲子茶吗？"

敏欣喜若狂，赶紧煮了一杯。望着缕缕升起的水气，丈夫的眼睛湿了，但他还是走了。下楼的时候敏追过来，他停住，皱着眉头，以为她要死缠烂打，或者骂他。但敏只递给他一包东西，是她剥好的莲子芯。敏说："不要忘了，多喝对你嗓子才好，你还指着嗓子吃饭呢。"此时的丈夫已经有些悔意了，但不愿回头让她看到，毅然地离开了。那天晚上，他孤独地待在另一个房子里，拿出那包敏剥好的莲子芯，用滚烫的水为自己沏了一杯。喝一口，苦而涩。再喝一口，那淡淡的苦依然在唇齿之间。第三口，苦后的一阵甘甜，化作绕指柔，搅得他的心隐隐作痛。

这清苦的莲子芯水，唤起了他对往日的许多回忆，他发觉自己总在以一份追求奢华生活的虚荣心来对待敏朴实真挚的情，甚至背叛她、伤害她，然而，敏的心却始终没变。

婚姻幸福是一种感觉，也是女人穷尽一生的追求；婚姻幸福是一种心情，一念之差就能改变女人的一切。在婚姻中你是飞往天堂还是跌进地狱，全在你自己，善于调整心态才能一次又一次推开幸福的大门。

两人之间的爱是永远的宽恕，心态是走向幸福的桥梁。不要企图去改变对方，女人在婚姻中应凡事做到心中有数：调整心态、自爱独立、宽容理解、丰富生活、精心营造。若能做到这些，如何会不幸福呢！

赢在心态

独立自主,婚姻中不要过于依赖另一半

"敏敏,我都快郁闷死了,刚才妈又来电话催了,今年再嫁不出去我就去出家当尼姑了……"王敏和闺房密友佳的谈话,大多数的话题都是讨论佳现在的男朋友怎么样,或是如何帮她找男朋友确定终身大事。王敏看着品着茶一脸无奈落寞的佳,一时间也不知道该说什么好。三十出头的佳是那么青春靓丽,怎么就那么难找对象呢?

"上次给你介绍的那个博士,不是挺不错的吗?能不能别那么挑啊?"

"哪里是我挑啊?将就吧,关键是我看人家根本没有处对象的意思啊。"

"怎么会呢?我打电话问问。"王敏一通电话下来,她只有"嗯""啊"的份,因为博士太能总结和归纳了,没有给她插话的机会。博士只是举了几个很平常普通的相处细节,就用一句话总结了他们不合适的症结所在——佳太依赖人了!

依赖是相对于自立而言的,依赖思想太强则意味着自我的弱化,独立的丧失。可以说依赖对于女人来说是一个陷阱,一旦掉入这个陷阱,便难以自拔。诚然,恋爱、婚姻是一个相互依赖的过程。

每个恋爱、婚姻中的女人都会面临着这样两难的困境:只有相互依偎在一起,才能感觉到爱情的甜蜜;但是如果靠得太近,又担心有一天会被伤得很深。而一旦依赖太深,我们的生活便会变得不再像从前般单纯、快乐,你会时刻感觉到你的生活中不能没有他:马桶坏了不去打物业的维修电话,而是请求他的帮助;灯泡坏了不去自己搭凳子来换,而是寻求他的援手;一个人不敢在雷电交加的夜里睡觉,而是渴望他的保护;一个人不愿在厨房忙活

第 19 章　且行且珍惜，幸福婚姻需要用心经营

烧菜，而是希望他的陪伴；一个人不想独自无聊地去看电视，而是期待他的情话……

圆圆的丈夫学历较高，工作很好，有较高的薪酬，而她自己的工作是护士，他们结婚五年，圆圆给丈夫生了三个孩子。在做母亲后，圆圆便把工作辞掉了，她的角色是家庭主妇，她需要操持家务，照顾孩子与丈夫。随着时间的流逝，圆圆越来越依赖她的丈夫。

这时，丈夫的工作显得非常重要，因为家庭的维持全靠他，他的成功即是圆圆的成功，也是家庭的成功。他是这个家的中心，圆圆看着他，孩子也看着他。圆圆所做的一切都是为了他，为了他们的孩子，一旦丈夫工作上出了问题，圆圆也就有了问题。

渐渐地，圆圆接受了这种关系，因为这是她所熟知的生活方式：她的婚姻就是以她父母，以及她成长时所看到别人的婚姻为蓝本的。慢慢地，她对丈夫的依赖取代了她以往对父母的依赖。同样，她丈夫也希望圆圆温柔、体贴。因此，两人都得到了他们所寻求的东西。又过了七八年，他们的婚姻危机爆发了。圆圆开始感到束缚，不被重视，不满，因为她未能作出更多的事，没有成就感。而丈夫却越来越光鲜照人，事业有成。

善良的丈夫便鼓励圆圆去做她想做的，更自信些，主宰她的生活，不要为自己感到遗憾，也不要只为他和孩子活着。这些与她当年结婚时所想的首次有了冲突。丈夫对圆圆说："如果你想出去工作，为什么不去找呢？也可以再回到学校去进修啊。"随后，圆圆遵循自己的想法和丈夫的意见，开始从事自己喜欢的工作，在她逐渐摆脱对丈夫的依赖后，生活和家庭也变得更加和谐了。

虽然当今的女性较以前独立，但在婚姻中还是难免形成依赖丈夫的状况。这种现象的产生，一是由于女人在小时候的家庭中养成的这种依赖心理，恋爱、结婚后，对父母的依赖自然而然地转为对丈夫的依赖；二是由于女人在现代社会中依然处于比较柔弱的地位，所以在结婚后丈夫便成了靠山。即使她们在工作中争强好胜，但她们在生活中依然想找一个停泊的港湾。

从心理上说,要脱离心理上的安乐窝是艰难的。依赖这一毒素会以各种各样的方式侵入生活,让更多女人从依赖中得到满足,因此,依赖往往难以戒除。圆圆能摆脱这种依赖,则来源于对心理独立的不断认识:不再勉强自己去迁就各种情面或关系、做自己不愿做的事、跟着丈夫亦步亦趋等,学会自己开始积极思考独立自主地决定自己的事情。

女人心理上独立便是无须再依赖别人,但不再依赖他人,并非是不需要。依赖与需要是两回事。心理上的依赖,说明你有一种情绪:无论你做什么事,你都想看看他,你自己没胆量、没信心去做;如果他不在身边,你便会感到无助,茫然不知所措。而心理上的需要,是指你有一种交往上的需要。在生活中,你需要爱情的理解与关心等,这种需要能完善你的人格,让你的品质得到塑造,境界得到升华,如此,你的人生才能更加充实、丰富而有意义!

心中无目标,脚下怎会有路

对于人来说,靠人不如靠己。因此,对于自己的工作,人们更要以积极的心态来对待。

然而,人有时很容易受到情绪的干扰和控制,让心态起伏不定。对于工作来说,不顺心的事十有八九,一个心态平稳的人,特别是对资历深厚的白领而言,他们总是能够看到事情更加积极的一面,并以此鼓励自己。但对于刚刚参加工作,或者刚刚跳槽的人,最深刻的感触莫过于所干工作的平凡、所干事情的琐碎。看着那些资历比自己老的员工整日悠闲得在那里一杯茶、一张报就是一天,心里难免感觉不平衡。

人常说,心态决定状态。不能在平凡的岗位上任劳任怨,蓄积力量,就不能做好成功的助跑工作,这样的人,一辈子的成就皆因心态的平庸和困扰而定

第19章 且行且珍惜，幸福婚姻需要用心经营

了形。

有心的人，总是善于观察周围的同事，从而见贤思齐，见不贤则内省。他们不难发现，工作包括三个层次——能干、肯干、崭露头角。能干、肯干、崭露头角是一个人工作的三重境界。层次不同，在职场中的发展潜力也不可同日而语。能干工作，能干好工作是职场生存的基本保障。任何人做工作的前提条件都是能干，也就是说他的能力能够胜任这项工作。因此，你具有的能力，决定了你能担任的工作性质。能干是合格员工的最基本的标准。肯干则是一种态度。一个职位，一般情况下都有诸多的人能够胜任，都具有能干这份工作的基本能力，然而，最终谁能把工作做得更好，则要看谁具有踏实肯干、苦于钻研的工作态度。正所谓态度决定一切。你是否能在能干和干好一份工作的基础上得到进一步的发展，完全取决于你对待工作的态度。

由此可见，一个人要想在职场中闯荡出一片天地，就必须付出艰辛的努力，必须在平凡的岗位上踏实肯干，才能实现由平凡到出色的蜕变。

伊娜曾是美国一家肥料厂的一名速记员，尽管她的上司和同事均养成了偷懒的恶习，伊娜仍保持认真做事的良好习惯，重视每一项工作。

一天，上司琳达要伊娜编写她们的大领导马克先生前往欧洲用的密码电报书。伊娜不像同事那样，随便编写出几张纸完事，而是编成一本小巧的书，用电脑很清楚地打出来，然后又仔细装订好。做完之后，琳达便交给了马克先生。

"这大概不是你做的。"马克先生说。

"呃——不是……"琳达的回答让马克先生沉默了许久。

过了几天之后，伊娜就代替了琳达的职位。

伊娜之所以能够升职，并不是做出什么惊天动地的事情，她之所以能将上司取而代之，就是因为她踏实肯干，即使自己在平凡的岗位上，也能兢兢业业，做好自己的每一项工作。

日本最成功的企业家之一松下幸之助说："我小时候，在学徒的七年当中，

在老板的教导之下,不得不勤勉从事学艺,也不知不觉地养成了勤勉的习性。所以在他人视为辛苦困难的工作,而我自己却不觉得辛苦,甚至有人认为'太辛苦了'的工作。在旁人看来,只不过是认真工作而已,所以我与他的看法,自然就有差异了。我青年时代,始终一贯地被教导要勤勉努力,此乃人生之一大原则。事实上,在这个社会里,对有勤勉努力习性的人,不太被人称赞是尊贵或者伟大,也不会认为他很有价值,因此,我认为大家应该无所顾忌地提升对具有这种良好习性者的评价,这样才算真正对勤勉习性的价值有所认识。"

很多人的成功,都是靠打拼、靠肯定积累出来的。如果能干只是一项工作的资格证,那么肯干才是它的通行证。

艾柯卡靠自己的能力终于当上了福特公司的总经理。1978年7月13日,有点得意忘形的艾柯卡被妒火中烧的大老板亨利·福特开除了。在福特工作了32年,当了8年总经理,一帆风顺的艾柯卡突然间失业了。艾柯卡痛不欲生,他开始喝酒,对自己失去了信心,认为自己要彻底崩溃了,并且什么事情都不做。

就在这时,艾柯卡接受了一个新挑战——应聘到濒临破产的克莱斯勒汽车公司出任总经理。凭着他的智慧、胆识和魅力,艾柯卡大刀阔斧地对克莱斯勒进行了整顿、改革,并向政府求援,舌战国会议员,取得了巨额贷款,重振企业雄风。在艾柯达的主持下,克莱斯勒公司在最黑暗的日子里推出了K型车的计划,此计划的成功令克莱斯勒起死回生,成为仅次于通用汽车公司、福特汽车公司的第三大汽车公司。1983年7月13日,艾柯卡把平生仅有的面额高达8.13亿美元的支票交到银行代表手里,至此,克莱斯勒还清了所有债务,而恰恰是3年前的这一天,亨利·福特开除了他。

艾柯卡在又一次靠着自己踏实肯干的作风取得不凡的成绩时,他深有感触地说:"奋勇向前,哪怕时运不济;永不绝望,哪怕天崩地裂。"这句话也是他对自己再次由平凡到卓越这个过程的精辟总结。

每个人幸福生活的道路都是用努力铺就的。只有不怕辛苦,勤勉做事,

第 19 章 且行且珍惜，幸福婚姻需要用心经营

努力做到能干好一项工作，人才有更宽阔的立足之地。但是，你也要知道，在具备了一定的能力之后，不骄不躁，踏实肯定，才能在平凡的岗位上有更大的作为。世界上"没有随随便便的成功"，任何声称轻轻松松就能成功的宣传都是一种欺骗。"成功"之"功"字即有日积月累、踏实肯干的含义。一个人，如果不能干一项工作，不能干一件事情，他就是一个失败者。而一个人如果具有干好一件事情的能力，但最终不肯努力，那幸福的生活始终会与他背道而驰。

参考文献

[1] 端木自在. 心态决定一切[M]. 上海：立信会计出版社，2012.

[2] 李卫. 别输在心态上[M]. 北京：中国纺织出版社，2015.

[3] 刘逸新. 阳光心态（第二版）[M]. 北京：中国纺织出版社,2016.

[4] 潘东麟. 心态决定命运[M]. 长春：吉林大学出版社，2015.

[5] 李娟. 心态决定命运[M]. 重庆：重庆出版社,2013.